J. NAST

—

LA RÉCLAME

COMÉDIE EN CINQ ACTES, EN VERS

———

L'AMOUR ET LE DEVOIR

COMÉDIE EN CINQ ACTES, EN VERS

———

PARIS

FAURE, LIBRAIRE-ÉDITEUR

RUE DE RIVOLI, 166

—

1863

LA RÉCLAME

L'AMOUR ET LE DEVOIR

OUVRAGES DU MÊME AUTEUR

LUEUR DU PASSÉ, poésie. . . . . 1 vol.
JOIES ET REMORDS, poésies. . . . . 1 —

Imprimerie de L. TOINON et Cie, à Saint-Germain.

J. NAST

—

LA RÉCLAME

COMÉDIE EN CINQ ACTES, EN VERS

—

L'AMOUR ET LE DEVOIR

COMÉDIE EN CINQ ACTES, EN VERS

—

PARIS

FAURE, LIBRAIRE-ÉDITEUR

RUE DE RIVOLI, 166

—

1863

LA

RÉCLAME

COMÉDIE EN CINQ ACTES, EN VERS

PERSONNAGES

GERVAL, riche industriel.

MADAME GERVAL, bourgeoise.

LOUISE, fille de monsieur et madame Gerval.

ARMAND DUPLESSY, amant de Louise.

MAXIME, neveu de Gerval et ami d'Armand.

VOLTIN, jeune journaliste.

JORAS, journaliste d'un certain âge.

BONNEFOND, ami de Gerval.

RÉGINE, femme de Bonnefond.

————

La scène est à Paris, dans le salon de Gerval.

RÉCLAME

ACTE PREMIER

Un salon avec portes à gauche, à droite et au fond : une table couverte de papiers, de journaux : un encrier, chaises, fauteuils, une fenêtre.

SCÈNE PREMIÈRE

GERVAL, MADAME GERVAL.

MADAME GERVAL.

Non, nous ne pouvons plus davantage tarder :
Pour un des deux partis il faut se décider.

GERVAL.

Eh bien! puisque tu veux une prompte réponse,
En faveur de Voltin, ma foi! je me prononce.

MADAME GERVAL.

Tu ne préfères pas l'air de monsieur Armand.

GERVAL.

Oh! du tout.

LA RÉCLAME.

MADAME GERVAL.

N'est-il pas d'un naturel charmant?

GERVAL.

Cela ne suffit pas.

MADAME GERVAL.

Il a de la fortune,
Du savoir et n'est point d'origine commune.

GERVAL.

Il ne fait rien.

MADAME GERVAL.

Il peint, n'est-ce donc point un art ?

GERVAL.

Bah! sur son siècle il est de cent ans en retard.

MADAME GERVAL.

Chacun suit à son gré le penchant de son âme.

GERVAL.

Il ne sait point tirer parti de la réclame.

MADAME GERVAL.

Pour faire des tableaux on n'en a pas besoin.

GERVAL.

La réclame doit être en tout le premier soin.

MADAME GERVAL.

Oui, lorsque l'on attend après cela pour vivre.

GERVAL.

Qu'on soit industriel ou qu'on publie un livre,
D'une exploitation qu'on tente les hasards,
Qu'on tienne le compas ou cultive les arts,
Au plus simple métier que notre esprit s'exerce,
Qu'on se livre à l'étude, au théâtre, au commerce,
Fût-on savant, docteur, ou notaire, ou soldat,
Acteur, musicien, professeur, avocat,

Excellât-on dans l'art fameux de la cuisine,
Dans celui de la banque ou de la médecine,
En un grand aussi bien qu'en un modeste emploi,
Il faut savoir d'abord faire parler de soi.

MADAME GERVAL.

Armand n'est pas un homme à quêter la louange.

GERVAL.

De son obscurité sottement il s'arrange :
Les tableaux qu'il produit doivent être mauvais
Puisqu'en aucun endroit on n'en parle jamais.

MADAME GERVAL.

Il est si généreux, il a l'âme si bonne
Qu'à ses nombreux amis sans façon il les donne.

GERVAL.

C'est absurde, voilà-t-il pas un beau métier ?

MADAME GERVAL.

Des éloges, veux-tu qu'il aille en mendier ?

GERVAL.

Il faut absolument qu'on vous loue et discute,
Et je préférerais, fût-ce même une chute,
A ce morne silence, à cette obscurité
Où ton monsieur Armand semble s'être entêté.

MADAME GERVAL.

De rester ignoré vas-tu lui faire un crime ?

GERVAL.

C'est pour cette raison qu'il n'a point mon estime.

MADAME GERVAL.

Il vit et se complaît dans la simplicité,
Et n'aspira jamais à la célébrité.

GERVAL.

Les gens, sans aspirer à devenir célèbres,
Doivent tendre toujours à sortir des ténèbres :
Plus que tout autre encor l'artiste est en ce cas.

MADAME GERVAL.

Le bruit est fort souvent un sujet de tracas.

GERVAL.

Mais rien, te dis-je, rien, comprends donc bien, ma femme,
Ne peut plus aujourd'hui se passer de réclame :
Elle sert à gagner un dangereux procès
Et dans toute entreprise assure le succès ;
C'est le plus sûr moyen, alors qu'on se marie,
D'éviter la chicane et la friponnerie.

MADAME GERVAL.

Un tel raisonnement de ta part me confond.

GERVAL.

Comme exemple certain n'ai-je pas Bonnefond?
Nous ne le pensions plus ni l'un ni l'autre en âge
De trouver le bonheur aux nœuds du mariage ;
Mais grâce à la réclame, à l'appui des journaux,
Régine et Bonnefond sont de vrais tourtereaux.

MADAME GERVAL.

Dans cet intérieur sait-on ce qui se passe?
Il est vieux et crédule, elle est pleine d'audace,
Et je dis que quiconque entre en ménage ainsi
Niaisement se crée un sujet de souci.

GERVAL.

La feuille que Voltin avec Joras rédige
Aux yeux de l'univers jouit d'un tel prestige
Que ce qu'il vous annonce a toujours réussi,
Et nous le voyons bien par ce ménage-ci.

MADAME GERVAL.

Consent-on à choisir une épouse, à la prendre
Au milieu des maisons et des chevaux à vendre :
Parmi les mille objets et bizarres produits
Qui sont dans les journaux sans pudeur introduits?

GERVAL.

Pourquoi pas?

MADAME GERVAL.

Pourquoi?

GERVAL.

Dis.

MADAME GERVAL.

Rien n'est plus ridicule.

GERVAL.

Ah! voilà, par exemple, un singulier scrupule.

MADAME GERVAL.

Tu ne prétendras pas me contester ce point
Qu'on se marie alors ne se connaissant point ;
Comment épouse-t-on des femmes inconnues
Ou de galants messieurs qui vous tombent des nues ?

GERVAL.

Tu te trompes et fais une notable erreur,
Car Voltin de Régine a garanti l'honneur.

MADAME GERVAL.

Et quand cela serait, tu pousses à l'extrême,
Jusques à la manie un dangereux système.

GERVAL.

Parbleu! ne voit-on pas des gens bien avisés,
Après mûr examen qui se sont épousés,
Pour les moindres sujets, de franches bagatelles,
Avoir sans cesse entre eux et débats et querelles?

MADAME GERVAL.

Enfin c'est de ta part un parti pris certain :
A ce loyal Armand tu préfères Voltin.

GERVAL.

Assurément.

MADAME GERVAL.

Eh bien, je vais avec franchise,
Sur cette question interroger Louise.

GERVAL.

Fort bien.

MADAME GERVAL.

Seule elle peut nous tirer d'embarras,
Selon son goût.

GERVAL.

Au moins ne l'influence pas.

MADAME GERVAL.

Je compte lui laisser liberté tout entière.

GERVAL.

En épousant Voltin elle doit être fière ;
C'est un homme rempli d'habileté, d'esprit,
Qui sur tous les sujets avec talent écrit.

MADAME GERVAL.

A ses yeux tout cela n'est qu'un faible mérite.

GERVAL.

Elle le vit à l'œuvre et connaît sa conduite :
Lors des événements sans lui j'étais perdu
Ou je voyais fort bas mon crédit descendu ;
Grâce aux puissants efforts de son aide efficace,
Je me suis relevé, j'ai reconquis ma place.

MADAME GERVAL.

Il est vrai.

GERVAL.

Si je vois augmenter tous les jours
Notre prospérité, c'est grâce à son concours.

MADAME GERVAL.

En effet.

GERVAL.

As-tu lu la réclame dernière
Que sur notre industrie il fit à ma prière?

MADAME GERVAL.

Non.

GERVAL.

Tu ne conçois pas l'étonnant résultat
Que produit un article écrit avec éclat :
Les ordres, les achats nous arrivent de suite,
Nous parvenons à peine à produire assez vite.
Que de sa plume Armand eût réclamé l'appui,
Et peut-être il serait quelque chose aujourd'hui.

MADAME GERVAL.

J'en conviens volontiers, il est incontestable
Qu'il nous rendit à tous un service notable.

GERVAL.

Il a pris son essor, c'est un homme lancé ;
Dans quatre où cinq journaux il est intéressé.
Pèse d'un grave poids sur notre politique
Et joûra quelque jour un rôle magnifique.

MADAME GERVAL.

Il est un peu hardi, flagorneur et vantard :
Il ne te prête point son concours au hasard
Et se gêne fort peu pour t'emprunter des sommes.

GERVAL.

Bah! on ne risque rien avec de pareils hommes.

MADAME GERVAL.

Allons, soit, fions-nous à des signes si beaux.

GERVAL.

Moi, je vais sans tarder parcourir mes journaux.

SCÈNE II

LOUISE, MADAME GERVAL.

MADAME GERVAL.

Je désire avec toi m'entretenir, ma fille ;
Un moment laisse là ton fil et ton aiguille.

LOUISE.

Oui, maman.

Elle pose son ouvrage sur la table.

MADAME GERVAL.

Prête bien l'oreille en m'écoutant,
Nous avons à causer d'un sujet important :
Je viens te proposer de la part de ton père
Un jeune prétendu qui te plaira, j'espère.

LOUISE.

Maman, je vous écoute avec attention.

MADAME GERVAL.

Avant de formuler la proposition,
Je veux te consulter et je serai fort aise
Que le choix paternel soit celui qui te plaise.
Lequel te semble mieux d'Armand ou de Voltin?

LOUISE.

Mon cœur ne sera pas un instant incertain.

MADAME GERVAL.

Parle, probablement nous ne différons guères :
Allons, dis-nous quel est celui que tu préfères.

LOUISE.

De ces messieurs, d'abord, il en est un des deux
Que nous voyons souvent et que je connais mieux.

MADAME GERVAL,

C'est Voltin.

LOUISE.

Non, maman.

MADAME GERVAL.

Ah ! pour Armand l'on penche,

LOUISE.

Puis-je en toute assurance avec vous être franche?

MADAME GERVAL.

Mon enfant, de ta mère as-tu lieu de douter ?

LOUISE.

Je vais m'ouvrir à vous et tout vous raconter
Priant de m'excuser si je fus trop discrète.
Vous vous souvenez bien de la dernière fête
Donnée à la campagne, en ce petit pays,
Où ces messieurs étaient avec nous réunis.

MADAME GERVAL.

Certainement, eh bien?

LOUISE.

Plusieurs d'entre nos dames
Et moi le soir au bal un moment nous dansâmes.

MADAME GERVAL.

Oui.

LOUISE.

Quand monsieur Armand me ramena vers vous,
Je ne sais quel propos excita son courroux :
Et ne le voyant plus par une nuit fort noire,
Vous n'avez point connu le reste de l'histoire.

MADAME GERVAL.

Quel est-il?

LOUISE.

C'est affreux.

MADAME GERVAL.

Allons, parleras-tu ?

LOUISE.

Il paraîtrait, maman, qu'il s'est pour moi battu.

MADAME GERVAL.

Ah ! je ne savais pas qu'il eût mauvaise tête.

LOUISE.

Jusqu'ici j'ai tenu l'aventure secrète,
Mais par son adversaire il eut le bras blessé.

MADAME GERVAL.

Après de tels exploits on est bien avancé.

. LOUISE.

Enfin, il a donné des preuves de courage.

MADAME GERVAL.

C'est aux yeux de ton père un très-mince avantage,
Et je t'engage fort même à n'en point parler.

LOUISE.

Monsieur Armand n'est pas un homme à reculer :
Il est modeste, doux, rempli de prévenance,
Plus habile en son art que personne ne pense,
Oblige, fait le bien sans cesse avec ardeur,
Et montre envers chacun le plus généreux cœur.

MADAME GERVAL.

Je ne critique point en lui le caractère
Et ne prétendrai pas qu'il doive te déplaire :
Mais sur monsieur Voltin on a jeté les yeux,
Parce que ce parti paraît plus sérieux.

LOUISE.

Vous m'avez demandé d'être avec vous sincère
Et de mes sentiments je ne fais pas mystère.

MADAME GERVAL, après un moement d'hésitation.

Je vais revoir ton père et doucement tâcher
De ramener son choix à celui qui t'est cher.

LOUISE.

Oh ! je vous en serai bien fort reconaissante.

MADAME GERVAL.

Sur ce chapitre-là je doute qu'il plaisante ;
Il ne sait point donner confiance à demi ;
Voltin est maintenant son plus intime ami ;
Il ne souffre jamais chez nous qu'on lui résiste
Et voit tout par les yeux de ce grand journaliste.

LOUISE.

Mais mon père aime aussi beaucoup monsieur Armand,
Réclame ses conseils, ses soins à tout moment ;
De son affection il reçut mainte preuve
Et met assez souvent sa douceur à l'épreuve.

MADAME GERVAL.

Ce jeune homme est aimable, il est vrai : le voici.
   A demi-voix.
Ah ! que deux prétendus vous causent de souci !

SCÈNE III

ARMAND, MAXIME, LOUISE, MADAME GERVAL.

LOUISE.

Avec notre cousin, le compagnon fidèle.

ARMAND.

A la vie, à la mort, tous deux, mademoiselle.

MADAME GERVAL.

Je suis sûre qu'on vient ensemble de flâner.

MAXIME.

Ah ! je passe ma vie à le morigéner :
   Montrant Armand.
Jamais dans un collége écolier indocile
Plus que monsieur ne fut à tenir difficile.

LOUISE.

Maxime, n'es-tu pas un peu trop exigeant ?

MAXIME.

Non, il est par trop prompt à lâcher son argent.
Là, sur le boulevart, en pleine promenade,
Il vient de rencontrer un ancien camarade
Qui ne l'avait pas vu depuis plus de dix ans,
Lui fait un long récit de ses besoins pressans,
Se plaint, lui dit qu'il est dépourvu de ressource,
Et mon nigaud d'Armand donne toute sa bourse.

ARMAND.

Il ne trouvera pas grande somme dedans.

MAXIME.

D'où diable arrive-t-il? quels sont ses répondans?

ARMAND.

Mon Dieu, que tu te plais à tourmenter mon âme!

A madame Gerval.

Ayez pitié de moi, défendez-moi, madame.

MADAME GERVAL, en s'en allant.

Vous ne vous laissez pas si vite intimider
Et je trouve qu'il a raison de vous gronder.

SCÈNE IV

ARMAND, MAXIME, LOUISE.

LOUISE.

Entre vous n'allez point vous déclarer la guerre.
Nous avons à parler d'une bien autre affaire.

MAXIME.

Hé! tu nous dis cela sur un si triste ton
Qu'on croirait qu'on a mis le feu dans la maison.

LOUISE.

Pour gendre savez-vous qui mon père propose?
Monsieur Voltin.

ARMAND, stupéfait.

Quelle est cette bizarre chose ?
Lorsqu'il a de mon cœur autorisé l'espoir ?
Ah ! semblable projet ne se peut concevoir.

MAXIME à Armand.

Je n'en éprouve point une surprise vive
Et je suis enchanté de ce coup qui t'arrive.

ARMAND.

Merci !

LOUISE.

Qu'il est aimable et gracieux pour nous,
Au lieu de nous aider, d'approuver de tels coups !

ARMAND.

Cependant vos parents savent que je vous aime.

MAXIME.

Non, il est par moments d'une innocence extrême :
Il faudrait que chacun devinât son amour.

A Louise.

Et qu'on l'aidât peut-être à te faire la cour.

LOUISE à Armand.

Vous voyez la façon dont un cousin console.

MAXIME.

Vous êtes tous les deux des enfants, ma parole !

ARMAND.

Et pourquoi, s'il vous plaît ?

MAXIME.

Parce que...

LOUISE.

Dis pourquoi.

MAXIME.

Il est d'une innocence et d'une bonne foi !

Vous croyez qu'il suffit entre amans de s'entendre
Et de se parler bas un langage fort tendre :
Eh bien ! sapristi, non, il faut se remuer
Ou d'autres près des gens savent s'insinuer.

ARMAND.

J'étais si sûr...

MAXIME, brusquement.

As-tu précisé ta demande?

LOUISE.

Nous ne méritons pas ta verte réprimande ;
Qui pouvait se douter que ce monsieur Voltin
Viendrait si brusquement changer notre destin?
Il est trop occupé d'intérêt et d'affaire
Pour être en fait d'amour dangereux adversaire.

A Maxime.

Demeure avec monsieur tandis que je vais voir
Si mon père veut bien se laisser émouvoir :

SCÈNE V

ARMAND, MAXIME.

ARMAND.

Allons, sincèrement, réponds, je t'en conjure,
Se serait-on douté de pareille aventure,
Et devais-je penser rencontrer un écueil
Après avoir ici reçu si bon accueil?

MAXIME.

Quand on est à tel point d'une nature inerte,
Ici-bas on échoue et l'on court à sa perte.

ARMAND.

Quiconque est en rapport avec de braves gens
N'attendra jamais d'eux d'actes désobligeans.

MAXIME.

Considère donc bien entre nous, je te prie,
Quelle est ton indolence et ta bizarrerie ;
On te reçoit le mieux du monde, à bras ouverts,
Et par naïveté toi-même tu te perds.
Crois-tu que dans les yeux notre cœur se devine ?
Tu prétends épouser Louise, ma cousine,
Et tandis que l'on tend un piége sous tes pas,
Tu rêves en silence et tu ne bouges pas.

ARMAND.

Lorsqu'un malheur subit après les gens s'accroche,
Oh ! il est bien aisé d'adresser son reproche.

MAXIME.

Ah ! tu n'as jamais su calculer un danger
Et tu devais plus tôt à tout cela songer.

ARMAND.

Cher ami, que veux-tu, c'est un charme suprême
D'aimer, d'appartenir à la femme qu'on aime ;
De jouir du présent qu'un souffle peut ternir
Sans se préoccuper de l'obscur avenir.
Est-il rien de plus doux que ce temps éphémère
Où l'on goûte un bonheur que nul soupir n'altère,
Où tous deux au plaisir on prend la même part,
Où l'on se parle enfin rien que par le regard ?

MAXIME.

Bon ! le voilà parti ; quel inepte langage
Tiens-tu quand ton bonheur se couvre d'un nuage ?

ARMAND.

Toi, tu ne comprends rien à l'idéalité.

MAXIME.

Je m'occupe surtout de la réalité,
Et lorsqu'en sa folie il poursuit des chimères,
L'artiste doit s'attendre à des douleurs amères.

Plutôt que d'obéir à ton caprice vain,
As-tu tenu promesse et vu quelque écrivain ?

ARMAND.

Non.

MAXIME.

    Tu m'avais pourtant donné cette assurance.

ARMAND.

J'irai, mais tu n'as pas la moindre patience.

MAXIME.

Depuis assez longtemps tu connais bien Gerval ;
Tant qu'il n'aura pas lu ton nom dans un journal,
Il te refusera sa fille.

ARMAND.

    Je déclare
Qu'une telle exigence est un peu trop bizarre.

MAXIME

A blâmer les travers tu te montres fort prompt ;
Il faut s'accommoder des humains comme ils sont.

ARMAND.

Je fais de la peinture, elle est bonne ou mauvaise.

MAXIME.

Elle est très-bonne, mais ta réponse est niaise,
Attendu que fît-on un chef-d'œuvre aujourd'hui,
On ne peut se passer d'un nécessaire appui ;
Quel que soit ton talent et ta délicatesse,
Tu dois pour arriver recourir à la presse.
Plus que tous le public a le goût délicat,
Et c'est lui souverain qui juge en résultat :
Mais il est de son temps avec raison avare
Et sa besogne il faut qu'un autre la prépare.
Puisque tu vois chacun avoir ce sentiment,
Pourquoi prétendrais-tu faire différemment ?
Cet usage adopté n'a rien de difficile,
Il s'agit simplement de se le rendre utile.

ARMAND.

Ah ! combien à mon cœur coûte un pareil effort
Et qu'ici-bas parfois est étrange le sort !
Je naquis à Paris, au milieu de l'aisance,
Et je n'ai dans la presse aucune connaissance.
De sincères amis, fermes, intelligents,
Se montrent avec moi zélés, encourageants ;
Mais je ne puis sortir de cet affreux silence
Qui dans l'âme inspirée étouffe la puissance,
Tandis que nous voyons prôner et protéger
Des charlatans heureux, maint et maint étranger,
Qui, doués, il paraît, du talent politique,
Sont chaleureusement poussés par la critique.

MAXIME.

Ils se conforment tous à ce que je te dis,
Ecoutent la raison et suivent les avis.

ARMAND.

Qu'une telle démarche est gênante, pénible !

MAXIME.

Tant de timidité dans un homme est risible ;
A tout instant ici tu rencontres Voltin,
Et ne peux pas chez lui l'aller voir un matin,
Ou l'honnête Joras que je préfère encore.

ARMAND.

C'est une comédie, un rôle que j'ignore.

MAXIME.

Ce terrible Voltin, eh bien ! moi, je t'attends
Et même il devrait être ici depuis longtemps
A ta position il n'est qu'un seul remède :
Depuis plus de six mois près de lui j'intercède
Et je veux qu'il consente une fois franchement
A publier sur toi son propre jugement.

ARMAND.

Ah ! bah !

MAXIME.

Ta cause est bonne et, moi, je m'en empare,

ARMAND.

Que c'est ennuyeux !

MAXIME.

Sors, va fumer un cigare ;
Sois un peu moins jouet de ta timidité
Et l'on te tirera de ton obscurité.

ARMAND.

Ne me vante pas trop surtout.

MAXIME.

Hé ! sois tranquille ;
Va te promener, va faire un tour par la ville.

SCÈNE VI

MAXIME, seul.

C'est bête, j'en conviens tout bas, mais il le faut ;
Chaque siècle, bon Dieu, n'a-t-il pas son défaut ?
Le nôtre est un enfant, il agit à sa guise,
Suit d'effrontés mentors et veut qu'on le conduise.
Quel est le fournisseur qu'il aime ? c'est celui
Que l'affiche partout vous indique aujourd'hui,
Et s'il n'a pour patron le moindre journaliste,
Il n'osera jamais soutenir un artiste.

SCÈNE VII

VOLTIN, MAXIME.

MAXIME.

Ah ! je vous attendais.

VOLTIN.

En vérité, mon cher ;
Et, moi, ce n'est pas vous que je venais chercher.
Ah! je suis éreinté.

Après s'être assis.

Qu'avez-vous à me dire ?

MAXIME.

Puisque dans des journaux, vous, vous pouvez écrire,
Soyez donc assez bon pour dire quelques mots
D'Armand, dont vous avez vu, je crois, les tableaux.

VOLTIN.

C'est fait.

MAXIME.

Vous êtes forts vous autres pour promettre.

VOLTIN.

Vrai, mon cher, ce matin l'article a dû paraître.

MAXIME.

Vous n'aimez pas beaucoup à traiter ce sujet
Et de votre équité je reconnais l'effet ;
Souffrez au nom d'Armand que je vous remercie.

VOLTIN.

Les retards ne sont pas dus à mon inertie.

MAXIME.

Des plus graves travaux vous êtes accablé.

VOLTIN.

Ah ! vous ne savez pas comme on est harcelé
Par un tas d'écrivains, de peintres, de poëtes,
Qui vous font constamment les plus sottes requêtes.

MAXIME.

Allons, n'allez-vous pas vous plaindre du métier?

VOLTIN.

Ma foi, j'aimerais mieux, je crois, être épicier.

MAXIME.

Vous?

VOLTIX.

Oui, moi.

MAXIME.

              C'est trop fort ; boutique pour boutique,
L'avantage est plus grand dans celle où l'on critique.

VOLTIX.

Quelle stupide erreur ! ah ! jeune homme, on voit bien,
Que pour votre bonheur vous n'y connaissez rien.

MAXIME.

Peu de chose, il est vrai.

VOLTIX.

                          Nous tirons de leur ombre
Des êtres condamnés au néant le plus sombre ;
Nous mettons au grand jour des cerveaux à l'envers,
Nous envoyons leurs noms au bout de l'univers,
Nous sommes pour ces gens comme une providence
Et personne ne sait quelle est leur impudence.
Ah ! c'est absurde, affreux, maussade, révoltant ;
Dans un état pareil quel destin vous attend ?

MAXIME.

Je ne vois pourtant pas que vous et vos confrères,
En général, ayez des destins si contraires ;
Vous tenez tout, pouvoir, honneurs, crédit, richesse.

VOLTIX.

Eh ! parbleu ! sans cela qui vivrait dans la presse ?

MAXIME.

Alors ne gémissez donc pas autant.

VOLTIX.

                                    Si, si !
Il n'est aucun état plus bas que celui-ci :

Depuis dix ans je n'ai pas eu deux jours tranquilles :
On heurte à tout instant des fous, des imbéciles,
Sans compter les fripons et les ambitieux ;
Ah ! dans ce brillant poste on devient vite vieux.

MAXIME.

Combien je vous sais gré de votre bon office !
Si de moi vous voulez réclamer un service,
N'hésitez nullement, parlez, je suis tout prêt.
Et je veux de tout cœur prendre votre intérêt.

VOLTIN.

Ne me témoignez pas tant de reconnaissance ;
L'article ne fut pas écrit en ma présence,
Je ne puis assurer s'il est juste ou flatteur ;
Même, je l'avoûrai, j'en connais peu l'auteur.

MAXIME.

Malgré tout le talent d'une plume féconde
Vous ne pourriez pas seul suffire à tout le monde,
Et je comprends fort bien votre raisonnement ;
Je m'en vais de ce pas féliciter Armand.

VOLTIN.

Et, moi, je cours savoir si la nouvelle est vraie
Que d'un certain discours l'Angleterre s'effraie.

ACTE DEUXIÈME

SCÈNE PREMIÈRE

BONNEFOND, RÉGINE.

RÉGINE.

Oui, monsieur, j'y consens ; la séparation,
Au moins fera cesser cette position.

BONNEFOND.

Elle devient de plus en plus intolérable.

RÉGINE.

Vous êtes par moment d'une humeur incroyable.

BONNEFOND.

Pourquoi de vos attraits fus-je tant ébloui?

RÉGINE.

A quoi pensais-je, moi, quand j'allai dire oui.

BONNEFOND.

Eh! parbleu! vous pensiez, madame, à ma richesse.

RÉGINE.

Voyez quelle insolence et quelle hardiesse!
A vous croire vraiment j'attendais après vous ;
Mais sachez que j'avais refusé vingt époux,
Et riches, distingués, bien élevés, aimables.

BONNEFOND.

Vous rendez ma carrière et mes jours misérables.

RÉGINE.

Gouté-je auprès de vous le moindre des plaisirs?

BONNEFOND.

Je ne suis occupé qu'à combler vos désirs :
Vous faites à mon bien une effroyable brèche :
Vous aviez un coupé, j'ai donné la calèche,
Des robes, des bijoux, des laquais, des chevaux.
Deux alezans qui sont de Paris les plus beaux ;
Je vous gâte en enfant, et, contre mon attente,
De moi vous vous moquez, et n'êtes pas contente.

RÉGINE.

Ne vous targuez pas tant de magnanimité,
Vous faites tous ces frais par pure vanité.

BONNEFOND.

Je regarderais moins à gaspiller des sommes
Si vous n'étiez pas tant coquette avec les hommes.

RÉGINE.

Coquette ?

BONNEFOND.

Assurément.

RÉGINE.

Que vous êtes jaloux !

BONNEFOND.

Vous n'avez nul respect pour mon titre d'époux.

RÉGINE.

Cette réflexion est assez ridicule.

BONNEFOND.

Déjà depuis longtemps à parler je recule.

RÉGINE.

De parler si c'est là votre unique façon,
En reculant, ma foi, vous aviez bien raison.

BONNEFOND.

Je ne permettrai pas qu'une femme me raille.

RÉGINE.

Avez-vous le dessein de me livrer bataille ?

BONNEFOND.

Oui, madame.

RÉGINE.

Eh bien, moi, je ne suis pas ici
Pour ouïr des sermons semblables à ceux-ci ;
Je désire parler à Gerval.

BONNEFOND.

Oui, madame,
Nous allons devant lui tous deux ouvrir notre âme ;
Je lui demanderai si partout les maris
Se trouvent exposés à de pareils mépris.

RÉGINE.

Ah çà, vous voudrez bien devant lui, je suppose,
Être assez avisé pour parler d'autre chose.

BONNEFOND.

Je veux savoir s'il est à nos femmes permis
De recevoir chez nous de prétendus amis ;
D'avoir avec eux seuls un charmant caractère,
De prendre leur parti, de chercher à leur plaire,
Et de me réserver à moi-même, en un mot,
Dans cette confrérie un rôle par trop sot.

RÉGINE.

Vous avez ce matin, je crois, perdu la tête.

BONNEFOND.

Oh ! oh ! à répliquer vous êtes toujours prête.

RÉGINE.

Oui certes, avec vous il faut que je le sois :
Vous attaquez si bien tous les points à la fois.

BONNEFOND.

Quelle langue! voyez : je dis et je répète
Que je n'accepte point le rôle d'une bête ;
En ma maison parfois du matin jusqu'au soir,
Monsieur Voltin ne fait qu'entrer, sortir, vous voir.
C'est par lui que de vous j'ai fait la connaissance,
Mais rien n'oblige plus sans cesse à sa présence ;
Je lui trouve avec vous un assez drôle d'air,
Et ce manége-là ne me semble pas clair:
Je prétends mettre un terme à cette fantaisie.

RÉGINE.

Vous êtes étouffé par votre jalousie.

BONNEFOND.

Suis-je pas assez franc? J'en donne le motif.

RÉGINE.

Faut-il que vous ayez un cœur vindicatif!
Voltin fut élevé par les soins de ma mère,
Je suis avec lui comme on est avec un frère.

BONNEFOND.

Chansons.

RÉGINE.

Plaisantez-vous ?

BONNEFOND.

              Chansons, dis-je, chansons.
Non, je n'accepte pas vos adroites raisons,
Et de quelque façon que la bouche le nomme,
Un homme, entendez bien, près de vous est un homme.

RÉGINE.

Un despotisme tel ne se peut tolérer
Et le mieux maintenant est de nous séparer.

BONNEFOND.

Si vous aviez voulu que vous étiez heureuse!

RÉGINE.

Je supporte avec vous une existence affreuse.

BONNEFOND.

Régine, répondez, vous ne m'aimez donc pas?

RÉGINE.

Vous?

BONNEFOND.

Oui. moi.

RÉGINE.

Je crois bien.

BONNEFOND.

Avec autant d'appas,
De charmes, de beautés et de grâce piquante,
Oh! comment une femme est-elle aussi méchante?
Mignonne, écoutez-moi, prenez un autre ton,
Je vous veux encor plus mettre dans du coton :
Oui, je vais acheter cette belle parure
Qui va si joliment avec votre figure ;
Vous verrez à vos pieds tout ce qui vous plaira
Et chez moi tout le monde à vous obéira.

SCÈNE II

GERVAL, entrant sans être vu, un journal à la main, BONNEFOND.
RÉGINE.

BONNEFOND.

Je vous adore.

RÉGINE.

Vous tenez mal vos promesses;
Jamais je ne me fie à vos fausses caresses.

Oui, sous le faux-semblant de ce langage doux,
Vous savez déguiser et rancune et courroux ;
Vos feintes maintenant ne sont plus de l'adresse :
Votre seul intérêt vous conduit.

BONNEFOND.

Ah ! traîtresse !

RÉGINE.

Ne recommençons point ces ennuyeux débats.

BONNEFOND.

Perfide !

GERVAL, à Bonnefond.

Là, mon cher, ne vous emportez pas.

BONNEFOND.

C'est sa faute.

RÉGINE.

Du tout, ne l'écoutez point.

GERVAL.

Qu'est-ce ?
Un tyran d'un côté, de l'autre une tigresse.

BONNEFOND.

Elle a tout compromis, le présent, l'avenir...

RÉGINE.

Ce supplice est affreux et je veux en finir.

GERVAL, stupéfait.

Comment ! dit-on du mal de vous, moi, je le nie ;
Je vante constamment votre douce harmonie ;
Vous aviez la fortune, elle avait la beauté,
Et vous ne vivez pas dans la félicité.

BONNEFOND.

Il s'en faut.

RÉGINE.

De monsieur, moi, je suis la victime.

2

GERVAL.

Chut ! taisez-vous. Eh quoi ! la fureur vous anime
Et maladroitement vous agissez tous deux
Comme si vous vouliez vous rendre malheureux ;
Des époux ne font point de semblables réponses.

BONNEFOND.

Hé ! qu'aviez-vous besoin de lire vos annonces,
D'y découvrir madame et de briser mon sort
En me gratifiant d'un si rare trésor ?

RÉGINE.

Je ne vous cherchais point quand votre ami lui-même,
En m'unissant à vous me fit un tort extrême.

GERVAL.

Après que de vous deux j'ai pris les intérêts,
Vous en êtes réduits aux plaintes, aux regrets,
Et loin de témoigner le bonheur et la joie,
Aux plus fâcheux excès vous vous montrez en proie.

BONNEFOND.

Je parle en vain d'amour, je peins ce que je sens,
Madame reste sourde aux plus tendres accens.

RÉGINE.

La haine est le seul feu que votre cœur exhale,
Et pour moi c'est assez entendre de morale.

A Gerval.

Quoi ! vous donnez, dit-on, votre fille à Voltin ?

GERVAL.

Oui.

RÉGINE.

Vous compromettez peut-être son destin.

BONNEFOND.

Voyez de quoi madame et s'occupe et se mêle !
Dans ces affaires-là pourquoi se fourre-t-elle ?

GERVAL.

Ecoutons, écoutons, vous répondrez après.

RÉGINE.

Vous lui laissez chez vous un trop facile accès ;
Je connais son humeur de date assez ancienne
Pour qu'en un tel danger à votre aide je vienne.

GERVAL.

Moi, je n'ai jamais eu de lui qu'à me louer.

.RÉGINE.

Il est fin et pourra tôt ou tard vous jouer ;
C'est un garçon brillant et charmant dans le monde ;
Il a beaucoup d'aplomb, une veine féconde,
Mais ne vous fiez pas à cet extérieur ;
Il est bien différent dans son intérieur,
Et quoiqu'en ce moment il soit fort à la mode,
Il n'est point, croyez-moi, d'un commerce commode.

BONNEFOND.

Voilà des compliments! ô ciel! est-il permis
De faire un tel portrait de ses meilleurs amis!

GERVAL.

Depuis assez longtemps je vois son caractère,
Et je vous trouve aussi, madame, un peu sévère.

RÉGINE.

Par un pur dévoûment je donne ces avis :
Malheur, malheur à vous s'ils ne sont pas suivis!

BONNEFOND.

Et moi, sans hésiter je soutiens, au contraire,
Que ce brave jeune homme est doux et débonnaire,
Que par madame il est lâchement travesti
Et qu'en lui vous avez un excellent parti.
Par le temps ou l'où vit on ne peut pas prétendre
Rencontrer nulle part aucun phénix pour gendre :
Si j'avais une fille, heureux et l'âme en paix,
A ce prétendu-là, moi, je la donnerais.

GERVAL à Régine.

Je n'ai jamais en rien négligé la prudence
Et de cette façon complétement je pense ;
Il m'a prouvé d'ailleurs en mainte occasion
Qu'il avait assez droit à mon affection ;
Je serai satisfait qu'il soit de ma famille.

RÉGINE.

Mais cet homme, monsieur, n'aime pas votre fille

BONNEFOND.

La prophétesse lit au fond du cœur des gens.

GERVAL à Régine.

Je reconnais l'ardeur de vos soins obligeants ;
Mais à trancher ici vous êtes par trop prompte
Et vous trouverez bon que j'en tienne peu compte.

RÉGINE.

Oh ! que les hommes sont d'étranges entêtés !

BONNEFOND.

Voilà, voilà, mon cher, de ses civilités.

GERVAL.

Allons, là, n'ayez point tous deux tant de rancune
Et ne vous jetez point dans la même infortune :
Signez la paix céans et raccommodez-vous.

BONNEFOND.

J'y consens.

RÉGINE.

                Non, jamais, monsieur est trop jaloux ;
Je me souviens encor de certaine menace,
Et de tant de soucis à la fin je suis lasse.

GERVAL.

Gardez-vous de choisir la pire extrémité.

RÉGINE.

Je suis trop le jouet de la fatalité.

BONNEFOND.

Il n'est point si grand tort qu'un repentir n'efface,
Trop cruelle beauté, je vous demande grâce.

GERVAL.

Voyons, nous n'aurons pas tristement échoué.

RÉGINE.

Je m'en vais de ce pas trouver mon avoué.

SCÈNE III

BONNEFOND, GERVAL.

BONNEFOND.

Vous avez conspiré la perte de mon âme
En m'allant dénicher une pareille femme :
Elle n'écoute point ni conseil, ni sermon ;
Sous son minois joli ce n'est qu'un vrai démon.

GERVAL.

Vous êtes exigeant et ne savez la prendre.

BONNEFOND.

Avec elle, il paraît, j'ai tort, à vous entendre.

GERVAL.

Ne traitez donc jamais les femmes brusquement.

BONNEFOND.

Mais de ma vie elle est l'angoisse, le tourment.

GERVAL.

Bah ! bah !

BONNEFOND.

Vous ignorez jusqu'où va ma misère.

GERVAL.

Faites-vous seulement ce qu'il faut pour lui plaire ?

BONNEFOND.

J'ai sans aucun succès tenté tous les moyens ;
Vous m'avez infligé de terribles liens,
Et c'est pour mes péchés que le ciel me châtie.

GERVAL.

Nous avions eu pourtant bien bonne garantie.

BONNEFOND.

Laquelle ?

GERVAL.

Celle enfin de la publicité ;
On ne s'en prendra pas à son obscurité ;
Elle était au milieu de la vaste lanterne,
D'où jaillit maintenant la clarté qui gouverne :
Elle avait figuré dans tous les grands journaux.

BONNEFOND.

Le diable emporte alors ces répondants nouveaux.

GERVAL, indigné.

Malheureux !

BONNEFOND.

C'est absurde.

GERVAL.

Écoutez donc...

BONNEFOND.

J'enrage,

Qu'on ait de la réclame une pareille rage ;
Rien ne peut excuser votre fol engoûment,
Et mon expérience aujourd'hui vous dément.

GERVAL.

Mais songez que j'en ai la constante pratique ;
C'est une exception, votre fait est unique.

BONNEFOND.

Eh bien ! moi, je combats ce détestable abus,
Qui trompe le public et dont on est confus ;

C'est une invention indigne, déplorable,
Que sur terre un beau jour nous envoya le diable.
La probité n'a plus refuge nulle part,
Et notre sort dépend du plus méchant hasard ;
Les mensonges grossiers sont de toutes les sortes ;
On nous fait avaler des pilules trop fortes ;
Ils vantent un spectacle intéressant, joyeux,
Et nous y bâillons tous tant il est ennuyeux ;
Nous assistons partout aux chutes les plus lourdes ;
Nous donnons à plaisir dans mille et mille bourdes.
Bousculés, bousculant, au milieu des nigauds :
Vos annonces enfin sont toutes des panneaux,
Que le spéculateur à son profit exploite.

GERVAL, avec dédain.

Vous êtes, Bonnefond, un homme à vue étroite.

BONNEFOND.

Un homme, à votre compte, est il bien plus huppé
Quand il est au grand jour par sa femme trompé ?

GERVAL.

Mais vous vous attaquez et vous portez envie
Au céleste bienfait qui vous donne la vie,
Qui répand le progrès, la lumière partout,
Redresse vos erreurs, dirige votre goût,
Vous instruit, vous distrait, vous guide, vous éclaire,
Et souvent vous procure une excellente affaire.
Les petits et les grands, les pauvres, les bourgeois,
En tirent leur profit aussi bien que les rois,
Et vous êtes, mon cher, d'une nature ingrate,
Puisque contre un tel bien votre injustice éclate.

BONNEFOND.

C'en est fait, je renonce à m'entendre avec vous,
On n'a plus qu'à vous mettre en la maison des fous.
Comme je veux lutter contre mon adversaire,
Je cours de mon côté consulter mon notaire.

SCÈNE IV

ARMAND, GERVAL.

GERVAL dédaigneusement.

Ah ! vous voilà.

ARMAND.

Je viens...

GERVAL.

Il est original.

ARMAND.

Avez-vous lu, monsieur, aujourd'hui le journal ?

GERVAL.

Oui.

ARMAND.

Hé bien ?

GERVAL.

C'est un four, une plaisanterie.

ARMAND.

Comment ?... expliquez-vous clairement, je vous prie.

GERVAL.

Non.

ARMAND.

Pourquoi ?

GERVAL.

Votre cœur en sera suffoqué.

ARMAND.

Mais enfin, dites-moi...

GERVAL.

De vous on s'est moqué.

ARMAND.

Oh ! vous me surprenez, non, ce n'est pas possible.

GERVAL.

Au fait, je vous connais de nature paisible ;
L'article est là, tenez, il traite de votre art,
Je ne refuse pas de vous en faire part.

ARMAND, à Gerval, qui a pris le journal.

Lisez, lisez, monsieur.

GERVAL, lisant.

« Un certain M. Armand Duplessy tient absolument à ce que
nous parlions de ses œuvres. Nous lui dirons donc que lorsqu'on a
de la fortune, plutôt que de commettre de semblables peintures, il
serait préférable de tenir une boutique de n'importe quoi. Au
moins, de cette façon, on n'afflige point ses contemporains et l'on
trouve quelquefois moyen de leur être utile. — On se préoccupe
beaucoup depuis quelques jours... »
                        C'est sur l'académie,
Il ne dit rien de plus.

ARMAND.

Oh ! la lâche infamie !

GERVAL.

D'avance j'étais sûr de vous voir indigné.

ARMAND.

Et par quel insolent l'article est-il signé ?

GERVAL.

Ah ! par qui ?... cet article est d'un nommé Misène.

ARMAND.

Faut-il contre quelqu'un avoir autant de haine !

GERVAL.

Je n'ai jamais rien lu de cet auteur, je crois,
Et son nom paraît là pour la première fois.

ARMAND.

Quelle dure leçon! ainsi pour vous complaire,
Je me suis attiré cette fâcheuse affaire.

GERVAL.

Vous le voyez, jeune homme, on tente ce qu'on peut ;
A la publicité n'arrive pas qui veut.
Il n'est point suffisant d'obtenir une phrase,
De ce genre surtout, qui tue et vous écrase.

ARMAND.

Mais où trouver cet homme, où trouver l'insolent
Qui distille son fiel en style virulent ?

GERVAL.

Vous attaquer à lui serait encor bien pire ;
Le mieux, je vous conseille, est de le laisser dire.

ARMAND.

Jamais.

GERVAL.

          Que voulez-vous ? chacun fait son métier ;
Vous ne parviendrez pas à vous justifier.

ARMAND.

Nous nous battrons, j'irai le trouver, je vous jure ;
Il me rendra raison d'une pareille injure.

GERVAL.

Lorsque par quelques mots vous vous sentez blesser.
Le mieux, je vous répète. est de laisser passer.

ARMAND.

Je ne supporte point d'impertinences telles :
Ce monsieur, j'en réponds, aura de mes nouvelles ;
Quelle insulte ! après tout, autant que lui je vaux ;
Je veux le relancer jusque dans ses bureaux,
Je suis impatient, souffrez que je vous quitte.

GERVAL.

Allons, rien de ceci ne doit avoir de suite ;
Moi-même j'en dirai quelques mots à Voltin,
Et tout s'arrangera fort bien, j'en suis certain.
Avec Joras et lui, pour certain opuscule,
Nous aurons tout à l'heure un conciliabule ;
Il s'agit d'une idée et d'un vaste projet,
Qui produira partout un admirable effet.

ARMAND.

Monsieur Voltin dira tout ce que bon lui semble,
Nous sommes rarement tous deux d'accord ensemble.
Lorsque de son honneur un homme entend la voix,
Il ne se soustrait point à ses rigides lois.

GERVAL.

Ne vous montez pas tant : le sage se modère
Et ne s'emporte point jusques à la colère.

ARMAND.

Quel soufflet !

GERVAL.

Cet article est un peu trop mordant.

ARMAND.

Moi, de tous les mortels le plus indépendant.

GERVAL.

N'y pensez plus ; allez, ah ! j'en ai vu bien d'autres
Supporter des ennuis plus cuisants que les vôtres.

ARMAND.

Non, non, je ne perds point un pareil souvenir.

GERVAL.

Ne compromettez point follement l'avenir ;
Vous serez mieux reçu par d'autres journalistes,
Il en est de charmants pour messieurs les artistes.

ARMAND.

Après un pareil tour, soyez sûr que jamais
Je n'en veux voir aucun ni de loin ni de près.

GERVAL.

Tant pis, de tout succès ce moyen-là décide ;
Ne vous entêtez pas et soyez moins timide.

SCÈNE V

LOUISE, ARMAND.

LOUISE.

Eh bien ! avec mon père êtes-vous plus heureux ?

ARMAND.

Quel étrange destin !

LOUISE.

Se rend-il à nos vœux ?

ARMAND.

Il s'en faut.

LOUISE.

Est-il vrai ? comment, il vous refuse ?

ARMAND.

Il n'a pas eu besoin de me donner d'excuse,
Dans son propre journal je suis vilipendé ;
Je n'ai plus nul espoir, mon sort est décidé.

LOUISE.

Vous a-t-il opposé ce ridicule obstacle ?

ARMAND.

Vous le connaissez bien, la *Presse* est son oracle ;
Un écrivain me traite avec dérision,
Il faut qu'avec lui j'aie une explication ;
On ne parviendra pas d'un seul coup à m'abattre.

LOUISE.

Quoi! vous voulez encor contre quelqu'un vous battre?

ARMAND.

C'est une conséquence et j'y suis préparé ;
Vous n'estimeriez pas un front déshonoré.

LOUISE.

Oh! non, non, évitez cette extrémité triste,
Et ne méritez pas le nom de duelliste.
Mais par qui votre honneur se trouve-t-il atteint?
Quel est votre adversaire, est-ce monsieur Voltin?

ARMAND.

Non pas.

LOUISE.

Vous avez tort, craignez...

ARMAND.

                              Hé! que m'importe?
Je ne recevrai point un affront de la sorte.

LOUISE.

Quelle qu'en soit l'issue, un tel événement,
Ne vous servira pas avantageusement :
Hélas! si tous les gens que la presse maltraite,
Se mettaient chaque jour pareille idée en tête ;
Si l'on croisait le fer pour tant de vains propos,
La ville de Paris serait un vrai champ clos.
Des sarcasmes amers de l'injuste critique,
Jamais légèrement un cœur droit ne se pique.
Celui que vous cherchez, sans s'en douter, demain
Vous donnera peut-être en un salon la main.

ARMAND.

Je ne souffrirai point qu'un homme m'injurie,
Et que de ma faiblesse avec raison l'on rie.

LOUISE.

Je vous comprends, monsieur, et lis dans votre cœur ;
Vous préférez me perdre et sauver votre honneur.

ARMAND.

Ah ! n'attendrissez point, Louise, mon courage
Quand sur moi lâchement on déverse l'outrage :
Avant d'aller plus loin je dois laver mon front
Et tiens à réparer un odieux affront.
Je vais tâcher de suite à découvrir le traître,
Qui me brave et m'attaque ainsi sans me connaître,
Et, dès que mon devoir sera fait comme il faut,
Près de vous plein d'amour je reviens aussitôt.

LOUISE, inquiète.

Quel que soit votre droit, douteux ou légitime,
J'aurais voulu savoir à vos côtés Maxime.

ARMAND.

Je ne l'oublierai pas si j'ai besoin d'appui.

LOUISE.

Vous n'avez pas le sang aussi calme que lui.

ARMAND.

Ne vous alarmez pas, adieu !

LOUISE.

        Pas d'imprudence !

ARMAND.

Vous seule soutenez toute mon espérance.
Allons sans plus tarder remplir notre devoir.

LOUISE.

Adieu !

ARMAND.

      Que je vous aime ! au revoir !

LOUISE.

        Au revoir !

ACTE TROISIÈME

SCÈNE PREMIÈRE

JORAS, VOLTIN.

JORAS.

Avez-vous de Gerval parcouru la brochure ?

VOLTIN.

Je ne m'amuse pas à pareille lecture.

JORAS.

Il va sur son projet tous deux nous consulter.

VOLTIN.

Jusqu'au bout nous serons forcés de l'écouter.

JORAS.

De ma franchise il a réclamé ce service,
Mais de ses mille erreurs je ne suis pas complice,
Et dans son intérêt je lui veux franchement,
Devant vous exprimer quel est mon sentiment.

VOLTIN.

Je n'ai pas avec lui l'âme si délicate ;
Ce brave industriel adore qu'on le flatte ;
J'accepte aveuglément ses bizarres projets,
Et sans le contredire à tout je me soumets.

JORAS.

Vous ne devriez point accepter un tel rôle,
Surtout quand un auteur a besoin de contrôle,
Et d'un avis loyal dût-il être piqué,
Dites toujours...

VOLTIN.

Gerval est un homme toqué.

JORAS.

Raison de plus alors pour lui prêter votre aide.

VOLTIN.

Devant aucun conseil sa volonté ne cède.

JORAS.

Plutôt que d'accorder une lâche faveur,
Mieux vaut sincèrement condamner une erreur :
Par de faux compliments loin de chercher à plaire,
Dans vos comptes-rendus soyez plutôt sévère ;
Un devoir sérieux à vos soins est commis ;
Vous ne vous devez pas seulement aux amis :
Lorsque vous rejetez avec dédain tel livre,
L'auteur attend parfois après un mot pour vivre ;
Sous ces tas de papiers qu'on brûle sans remords,
Souvent j'ai découvert de précieux trésors.
Dans la lutte aujourd'hui, je soutiens que la presse
Doit surtout épauler le talent, la jeunesse,
Et ne point se livrer à ces spéculateurs,
Qui sont joueurs heureux et fort méchants auteurs.

VOLTIN.

Hé ! n'en avez-vous pas la longue expérience ?
Notre métier exclut autant de conscience ;
Nul ne se résoudrait à ce rôle ingénu ;
Par les relations on est circonvenu ;
Des tracas, des ennuis, ce qui nous dédommage,
C'est au moins de tirer du mal un avantage.

Et de rendre service au prêteur obligeant,
Qui par ses fonds nous aide à gagner de l'argent.

JORAS.

De l'argent, de l'argent? Un journaliste, qu'est-ce?
Songez-vous avant tout à grossir votre caisse?

VOLTIN.

Je sais que nous avons des devoirs à remplir :
Jamais vous ne m'avez vu, je pense, y faillir.

JORAS.

Si vous ne voulez pas nuire à votre puissance,
Gardez de votre cœur toute l'indépendance ;
Dans l'art, la politique aimez la probité,
Et faites-la sortir de son obscurité.
N'a-t-on pas constamment autour de soi des drôles
Experts à colporter mille contes frivoles ;
Qui se sont fait un nom sans qu'on sache comment,
Et dont les œuvres ont du retentissement ?
De ces gens-là, morbleu! c'est à tort qu'on s'occupe ;
On devient leur jouet et le public leur dupe,
Et tandis que l'on donne en un travers pareil,
Le mérite est privé de sa place au soleil.

VOLTIN.

Votre système est vieux et beaucoup trop rigide.

JORAS.

Jamais aux intrigants je ne lâche la bride ;
Je dis et je maintiens qu'il est fort scandaleux
De vanter d'un auteur les mérites douteux,
Lorsque d'autres plus forts et des hommes honnêtes
N'ont pas le moindre appui dans toutes vos gazettes ;
Et, tant que je tiendrai la plume entre mes mains,
Mon premier but sera d'éclairer les humains.

VOLTIN.

Il faut bien accepter le monde tel qu'il roule,
Cherche-t-on pas toujours à complaire à la foule ?

3.

Après tout, moi, je suis l'obligé de Gerval.

JORAS.

Parbleu ! c'est mon ami, je n'en dis pas de mal ;
Mais je croirais trahir l'amitié qui nous lie,
En ne combattant pas une insigne folie.

VOLTIN.

Je ne puis en parler, ne la connaissant pas.

JORAS.

Vous n'imaginez point ce galimatias.

VOLTIN.

Et je vous avoûrai que j'épouse sa fille.

JORAS.

Ah ! ah ! Mon compliment ! elle est simple et gentille.

SCÈNE II

GERVAL. JORAS, VOLTIN.

GERVAL, allant au-devant de Voltin et lui serrant les mains.
Bonjour, mon cher Voltin.

JORAS.

Salut !

GERVAL.

Ah ! ah' Joras,

Bonjour !

VOLTIN.

Vous nous trouvez tous deux en grands débats.'

GERVAL.

Oh ! ce sont des débats fort légers que les vôtres ;
Ensemble, tous les trois, nous en aurons bien d'autres.
Asseyez-vous.

VOLTIN, à Gerval.

Demain, le prochain numéro
Contiendra votre article en entier.
GERVAL.
Ah ! bravo !
(A Joras.)
Que dites-vous ? a-t-on digéré ma brochure ?
JORAS.
Oui, mais en vérité cette besogne est dure.
GERVAL.
N'ai-je point exposé le besoin du moment,
Et ne me suis-je pas exprimé clairement ?
VOLTIN, à Gerval.
Dans vos moindres écrits votre esprit étincelle.
JORAS.
Quel titre de journal ! *Réclame universelle.*
GERVAL.
Eh bien ?
VOLTIN.
Ma foi, ce titre est noble et des plus beaux.
GERVAL.
Et ne répond-il pas aux besoins généraux ?
JORAS.
Non, je ne trouve pas d'abord que la réclame
Vaille que comme un bien partout on la proclame.
VOLTIN.
Comment ? c'est aujourd'hui le maître souverain.
GERVAL.
Elle grandit toujours et gagne du terrain ;
Seulement pour tuer l'esprit de coterie,
A l'univers entier il faut qu'on l'approprie.
JORAS.
Ah ! de votre secours elle n'a pas besoin,
Et sans vous, à mon sens, vole déjà trop loin :

N'augmentez pas encor ses forces naturelles,
Car pour franchir l'espace elle a d'énormes ailes.

GERVAL.

Non, non, elle n'est pas admise en tout pays,
Et jouit de ses droits à peine dans Paris.

JORAS.

Grâce à ce beau projet où votre esprit s'obstine,
Voulez-vous relier l'Europe avec la Chine ?

GERVAL.

Pourquoi non ? c'est un tort, et nous autres Français
De notre cercle étroit nous ne sortons jamais.

JORAS.

Ah çà ! plaisantez-vous ? votre nouvelle feuille
Irait jusques aux bords où le thé se recueille.

GERVAL.

Sans doute, elle serait profitable à chacun.

JORAS.

Cette entreprise-là n'a pas le sens commun.

GERVAL.

Peut-être il est trop tôt, et, quoique fort utile,
Son exécution est encor difficile ;
Mais vous avez dû voir que le plus important
Est d'amener chez nous un progrès éclatant,
De répandre en tous lieux un bienfait nécessaire,
Et grâce à ce moyen, d'éteindre la misère.

VOLTIN.

Évidemment voilà toute la question.

JORAS.

Attendez-vous, mon cher, à la déception ;
Lorsque d'un tel progrès vous verrez sonner l'heure.
Le ciel aura rendu l'humanité meilleure ;
Les vices, destructeurs du bonheur désiré,
Auront abandonné notre monde épuré.

GERVAL.

Vous n'avez pas compris le fort de ma doctrine
Qui contre ce fléau serait la médecine ;
Je veux que, moyennant quelques sous, presque rien,
Le petit, le grand, tous retirent un grand bien.

VOLTIN.

Ah ! Gerval, votre idée est grande et magnifique.

JORAS.

Permettez donc au moins qu'il parle et vous l'explique.

GERVAL.

Ce journal, comprenez, paraîtrait tous les jours,
Et serait envoyé dans les plus lointains bourgs :
Ouvriers, paysans, non contents de le lire,
Y pourraient librement, selon le cas, écrire.
Sans travail tout à coup quelqu'un se trouve-t-il ?
Par ce simple moyen il échappe au péril ;
Ailleurs de laboureurs manque l'agriculture,
Et dès demain ce fait dans le journal figure ;
Le paupérisme ainsi de suite est arrêté,
Et vous ôtez l'excuse à la mendicité.

VOLTIN.

Quel homme ! vous étiez un grand capitaliste,
Vous voilà devenu profond économiste.

GERVAL.

Si j'arrive jamais au but que je poursuis,
Je prétends épargner de bien autres ennuis,
Auxquels n'ont point songé tant de têtes savantes.
Vous savez quels tourments nous causent les servantes ;
Nulle ne trouve encor le métier assez beau ;
Non contentes de boire et de porter chapeau,
Même leur intérêt jamais ne les arrête ;
La meilleure à quitter son maître est toujours prête.
Eh bien ! grâce à l'appui de ma publicité,
Tout le monde vivra dans la sécurité :

Personne, désormais, ne gronde, ne menace,
Et votre domestique est fidèle à sa place,
Du moment que chacun a la facilité
D'exprimer son désir en toute liberté.

JORAS, se levant.

Pourquoi, pauvre Gerval, sortir de vos usines ?
Écoutez mon conseil, construisez des machines,
Soyez industriel, restez négociant,
Et ne recourez point à cet expédient.

CERVAL, se levant aussi.

Quand on blâme une idée au moins on la réfute :
Hé! corbleu ! croyez-vous que je sois une brute ?

JORAS.

Dieu m'en garde !

GERVAL.

                    Parlez franchement devant nous :
Quelles sont vos raisons et que critiquez-vous ?
Est-ce que vous blâmez mon dessein ?

JORAS.

                              Oui, je blâme
L'exagération, la fureur de réclame.
Que parfois on se plie à sa nécessité,
Par personne ceci ne sera contesté ;
Mais souvent elle sert l'artifice, la ruse,
Et toujours je m'oppose à quiconque en abuse.

GERVAL.

Quoi! vous me répondez bien cavalièrement ;
Me refuserez-vous l'honneur d'un argument ?

JORAS.

Mon approbation vous est peu nécessaire,
Et là-bas vous savez que j'ai beaucoup à faire.
Voltin, ne manquez pas bientôt de revenir,
Nous avons tous les deux à nous entretenir.

GERVAL, à Joras.

Vous n'avez pas compris le fond de ma pensée ;
Elle est au bien public tout seul intéressée ;
En supposant...

JORAS.

Je suis contraint de vous quitter,
Et plus tard nous prendrons le temps de discuter.

SCÈNE III

GERVAL, VOLTIN.

VOLTIN, se levant.

À vous contrarier il semble qu'il s'applique.

GERVAL.

Oui, lorsqu'il est butté ce Joras est inique.

VOLTIN.

Depuis un certain temps son esprit a baissé,
Et par les novateurs il est bien dépassé.

GERVAL.

Je l'ai trouvé toujours un loyal publiciste,
Mais quelquefois il est beaucoup trop rigoriste.

VOLTIN.

Comment ne point admettre un système excellent ?

GERVAL.

Non, il n'a point fait preuve aujourd'hui de talent.
Ah çà ! vous allez voir ma fille.

VOLTIN.

Elle est charmante,
Et chaque jour je crois que mon amour augmente.

GERVAL.

On vous va, séducteur, rendre alors bien content ;
Elle viendra causer ici dans un instant.

SCÈNE IV

ARMAND, VOLTIN.

ARMAND.

Je vous cherche, monsieur, avec impatience
Et je me trouve enfin devant vous en présence.

VOLTIN.

Je ne me cache point pourtant.

ARMAND.

Dans vos bureaux,
On ne m'a répondu que par de vains propos,
Et ces renseignements ne pouvaient me suffire.

VOLTIN.

Expliquez vous, monsieur, et q .e voulez-vous dire?

ARMAND.

Un article artistique a paru ce matin
Que je ne puis laisser passer avec dédain ;
On ne me juge pas, on me brave, on m'outrage,
Et l'auteur déguisé se perd dans un nuage.

VOLTIN.

Comment ?

ARMAND.

Oui, ce monsieur Misène est inconnu ;
Sur son identité je n'ai rien obtenu.

VOLTIN.

Quelquefois, dans Paris, le soir, je le rencontre.

ARMAND.

Rarement au grand jour un cœur lâche se montre.

VOLTIN.

Et pourquoi donc, monsieur, l'accusez-vous si fort ?

ARMAND.

Il a pour m'insulter fait un suprême effort ;
En quelques mots, il m'a prodigué tant d'injures
Que mon cœur en ressent les cuisantes blessures ;
Du droit d'écrire il a tellement mésusé
Que maintenant en moi tout calme est épuisé,
Et que pour me venger de sa verve féconde,
Je l'irais, plein d'ardeur, chercher au bout du monde.

VOLTIN.

Moi, je ne comprends rien à ce discours pompeux
Et j'ai mille regrets d'un résultat fâcheux ;
C'est, vous en conviendrez, la faute de Maxime.

ARMAND.

De trop de dévoûment lui ferez-vous un crime ?

VOLTIN.

Maxime a désiré que l'on parlât de vous,
Et c'est pour lui qu'il faut réserver le courroux.

ARMAND.

Quoi ! parle-t-on des gens de semblable manière ?

VOLTIN, embarrassé.

Comme lui j'ai voulu vous tirer d'une ornière ;
Misène fut prié de dire quelques mots ;
Ses termes quelquefois sont peut-être un peu chauds.
Quant au reste, monsieur, ma foi, moi, je l'ignore ;
Je n'ai pas aujourd'hui lu le journal encore.

ARMAND.

En vain vous déguisez avec un certain art,
Ce prétendu monsieur n'habite nulle part.

VOLTIN, balbutiant.

Il voyage et souvent habite la campagne ;
Hier, il est parti, je crois, pour l'Allemagne.

ARMAND.

Ainsi l'on s'imagine en votre beau métier
Qu'on a droit de narguer et de mystifier ;
Vous frappez en aveugle, à l'improviste, en traître,
Et vous pensez que nul ne peut vous reconnaître ;
Vous faites froidement un récit imposteur...

VOLTIN.

Monsieur, encore un coup, je n'en suis pas l'auteur.

ARMAND.

Sachez qu'une action est mille fois plus lâche
Lorsque sous un faux nom le coupable se cache.
De l'esprit je conçois l'écart le plus hardi,
Mais non point un complot traîtreusement ourdi.

VOLTIN.

Enfin de ce complot avez-vous une preuve?

ARMAND.

Oh ! oh ! je vous entends, la ruse n'est pas neuve ;
Dans tous les cas, monsieur, mes griefs sont fondés
Et pour votre confrère alors vous répondez.

VOLTIN.

Diantre ! si chaque fois qu'aux gens on peut déplaire.
Il fallait qu'on se fît une mauvaise affaire,
Songez qu'on se verrait un peu loin entraîner ;
L'écrivain passerait sa vie à dégaîner.

ARMAND.

Alors vous refusez ?

VOLTIN.

Non, non, je me consulte.

ARMAND.

Avec audace ainsi vous prodiguez l'insulte,
Et lorsque de vos torts on demande raison,
Par vous on est reçu d'une étrange façon.

VOLTIN.

Eh bien, choisissez donc vos armes et votre heure.

ARMAND.

De toutes, à mon goût, l'épée est la meilleure.

VOLTIN.

Soit, l'épée et tantôt.

ARMAND.

Dans une heure soudain,
A Vincennes le bois sera notre terrain.

SCENE V

MAXIME, ARMAND.

MAXIME.

Ah! ce brave Voltin, notre sauveur, te quitte.

ARMAND.

Oui.

MAXIME.

Le voilà qui rend justice à ton mérite.

ARMAND.

Mauvais plaisant.

MAXIME.

Comment?

ARMAND.

Connais-tu ses exploits?

MAXIME.

A-t-il comme critique abusé de ses droits?

ARMAND.

Il me foule à ses pieds, me jette de la boue;
Mais je ne souffre pas que de moi l'on se joue.

MAXIME.

Et, moi, qui, comme un sot, avec simplicité,
L'ai de son procédé tantôt félicité.

ARMAND.

Jusques au fond du cœur sa lâcheté me frappe,
Ce coup affreux me perd et Louise m'échappe.
Gerval, qui ne m'avait témoigné que froideur,
Me traite maintenant du haut de sa grandeur ;
Et mon rival heureux, servi par son audace,
Auprès d'elle s'apprête à prendre ici ma place.

MAXIME.

Ah ! stupide ! ai-je été son jouet à ce point ?
Toi-même, qu'il connaît, il ne t'épargne point.

ARMAND.

Eh bien, rester obscur n'est-il point préférable
A l'affront de subir les coups d'un misérable ?
Ah ! j'aurais bien mieux fait de ne point t'écouter.

MAXIME.

De cette trahison pouvais-je me douter ?

ARMAND.

La gloire est un vain mot dont notre esprit se leurre
Et qui réjouit peu l'âme supérieure ;
On s'efforce, on aspire aux faîtes les plus hauts ;
On a beau soutenir les luttes, les assauts,
Toujours par quelque point la vulgaire satire
Découvre le défaut, vous perce et vous déchire.
La critique d'ailleurs, je te l'ai dit souvent,
Sur son sol incertain est un sable mouvant ;
Pour le style tantôt c'est une frénésie,
Et tantôt avant tout on veut la fantaisie ;
Aujourd'hui l'on comprend le grand, le beau, le vrai,
Et demain d'une erreur on voudra voir l'essai.
Qui que tu sois, mortel, peintre, poëte, artiste,
Ne t'abandonne pas à cette mode triste :

Philosophe, poursuis vaillamment ton chemin
Et ne prends pas souci du vague lendemain.

MAXIME.

Quelles sottes erreurs notre tête se forge !

ARMAND.

Ah çà ! ne songeons plus qu'à nous couper la gorge.

MAXIME.

Hein ? que dis-tu ?

ARMAND.

                    Je dis qu'il me faut deux témoins
Et que pour m'assister je compte sur tes soins.

MAXIME.

Voilà ce qui s'appelle une manière tendre
De vider la querelle et de se bien entendre.

ARMAND.

Si je ne puis aimer Louise et la servir,
Peu m'importe à présent de vivre ou de mourir.

MAXIME.

Vivant, on a toujours une plus grande chance
De voir réaliser son aimable espérance.

ARMAND.

On n'a jamais souffert un affront si cruel.

MAXIME.

Il n'est rien, à mon sens, de plus sot qu'un duel.

ARMAND.

Quand un homme vous donne un soufflet de la sorte,
Comment donc avec lui veux-tu que l'on en sorte ?

MAXIME, incertain.

Je veux... je ne veux rien et vous êtes deux fous.
Est-ce que vous avez pris votre rendez-vous ?

ARMAND.

Tout est parfaitement en règle.

MAXIME.

Et s'il te tue,
Serons-nous enchantés de cette belle issue?

ARMAND.

Maxime, ton esprit est par trop positif
Lorsqu'on a pour se battre un si grave motif.
Je blâme comme toi cette vieille méthode;
Mais il est certain cas où je m'en accommode,
Et si quelqu'un portait atteinte à ton honneur,
S'il osait insulter ou ta mère ou ta sœur,
Il ne te resterait d'autre recours suprême
Que de t'en rapporter à la chance elle-même.
Puisque monsieur Voltin de tout se fait un jeu,
J'accepte aveuglément le jugement de Dieu.

MAXIME.

Je me passerais fort de ce devoir maussade;
Tu peux compter pourtant sur ton vieux camarade
Qui, dans cette matière, est des plus ignorants.

ARMAND.

Je vais voir à trouver quelqu'un de mes parents
Qui sera mon second; à bientôt.

MAXIME.

Reviens vite.

SCÈNE VI

MADAME GERVAL, MAXIME.

MADAME GERVAL.

Armand s'en va, je crois, et sans doute il m'évite.

MAXIME.

Vous vous trompez, pourquoi vous éviterait-il,
Ma tante?

MADAME GERVAL.

Il doit se plaindre et froncer le sourcil ;
Il n'a plus nul espoir, notre journal l'abime.

MAXIME.

Votre excellent journal commet un petit crime ;
Il traite mon ami méchamment, lâchement,
Il sort de son droit strict, c'est criminel.

MADAME GERVAL.

Comment?

MAXIME.

Au lieu de décocher une juste critique,
Il se montre grossier, brutal, blessant, inique.

MADAME GERVAL.

Armand n'a nul talent.

MAXIME.

Votre journal le dit,
Mais aucun connaisseur ne lui donne crédit.

MADAME GERVAL.

Pourtant les écrivains qui parlent des ouvrages
Ne font pas au public d'ineptes radotages ;
Ce sont en général des hommes fort savants,
Vouant à tous les arts leur amour et leur temps ;
Experts à deviner le lever d'une aurore,
Et de l'ombre tirant des perles qu'on ignore.

MAXIME.

Il en est d'ainsi faits pour l'honneur des mortels
Et nous devrions tous leur dresser des autels ;
Mais aussi nous avons une banale espèce
Qui vit, qui se démène en une erreur épaisse,
Nous prouve rarement son érudition
Et sert à tout propos sa folle passion.
Ces instruments de mal en notre ville abondent,
Parmi ceux qu'on respecte au hasard se confondent,

Sèment effrontément leur insolent fatras,
Affectent l'esprit faux, les grands airs d'embarras,
Adorent le scandale et les niaiseries
Et ne sont dévoués qu'aux seules coteries.

MADAME GERVAL.

Oh ! pour parler ainsi vous avez vos raisons.

MAXIME.

Assurément, je fais la guerre aux trahisons.

MADAME GERVAL.

Il fallait que Gerval donnât une défaite ;
Votre ami maintenant n'a qu'à battre en retraite.

MAXIME.

Quoi ? quand il critiquait l'obscurité d'Armand...

MADAME GERVAL.

Il préférait Voltin irrévocablement.

MAXIME.

Oh ! non, non, tout n'est point perdu sans espérance.

MADAME GERVAL.

Vous savez qu'il a droit à sa reconnaissance ;
Mon époux obéit à la voix de son cœur ;
Voltin a déployé la plus constante ardeur,
Et ce grave motif tous deux nous détermine :
Autrefois il nous a sauvés d'une ruine ;
Depuis lors chaque jour il concourt au succès,
Sans cesse de sa plume aide tous nos projets,
Nous rend par son journal de précieux services
Et dans notre maison accroît les bénéfices.

MAXIME.

Armand aime Louise et même en est aimé.

MADAME GERVAL.

L'amour par la raison se verra désarmé.

MAXIME.

Avec ce parti pris, il fallait moins attendre ;
L'un à l'autre deux ans vous les laissez prétendre,
Et...

MADAME GERVAL.

Vous vous mêlez là, monsieur mon cher neveu,
De mille questions qui vous regardent peu.
Donnez à votre ami de ma part la réponse ;
Vous-même dites-lui qu'à Louise il renonce.
Que nous n'obéissons à nul ressentiment
Et qu'il sera toujours reçu parfaitement.

MAXIME.

Ah ! vous me chargez là d'une triste corvée
Et ce n'est pas la fin que nous avions rêvée.

ACTE QUATRIÈME

SCÈNE PREMIÈRE

BONNEFOND, LOUISE.

LOUISE.

Ah ! monsieur Bonnefond, mon destin est affreux ;
Ma mère se refuse au plus cher de mes vœux ;
De tendre affection, depuis ces deux années,
Tant de preuves par lui m'avaient été données
Que ce coup imprévu m'accable de douleur.

BONNEFOND.

Louise, je vous plains, je connais le malheur.

LOUISE.

Vous qui sur mes parents avez de l'influence,
Montrez à mon égard un peu de complaisance ;
Épargnez à mon cœur le plus cruel ennui ;
Vous, vous l'appréciez et remarquez en lui
Les solides vertus...

BONNEFOND.

Qui ? lui.

LOUISE.

Celui que j'aime.

BONNEFOND.

Mais qui, dis-je, est l'objet de cet amour extrême?

LOUISE.

Eh bien!...

BONNEFOND.

Est-ce monsieur Voltin?

LOUISE.

Non, il s'en faut.

BONNEFOND.

Prenez sans balancer cet époux au plus tôt.

LOUISE.

Non, non, excusez-moi, monsieur, je vous rends grâce.

BONNEFOND.

Il est parfait.

LOUISE.

Je sais quelqu'un qui le surpasse.

BONNEFOND.

Pourtant ce prétendu convient à vos parents
Et vis-à-vis de vous ils en sont les garants.
Songez qu'avec *quelqu'un* pour toujours on s'allie;
N'allez pas, croyez-moi, risquer une folie:
Écoutez un vieillard et suivez mon conseil,
Qui se trompe subit un terrible réveil:
Nul choix n'est comparable à celui de nos mères;
Ah! les illusions, enfant, sont éphémères;
Le cœur, le lâche cœur vous guide imprudemment
Et vous vous infligez un éternel tourment.

LOUISE.

Il n'en est point pour moi, monsieur, de plus funeste
Que d'être mariée à celui qu'on déteste;
Quand un homme vous prend, guidé par l'intérêt,
C'est alors que plus tard on en a du regret;

Monsieur Armand enfin est d'une autre nature ;
Avec lui du bonheur je suis tout à fait sûre ;
S'il ne se montre pas assez ambitieux,
Le remords n'est pas peint sur son front soucieux ;
Il est gai, complaisant, brave, loyal, aimable,
Et je n'en vois aucun qui lui soit comparable.

BONNEFOND.

Que dites-vous ? il est à cent pieds de Voltin.

LOUISE.

C'est vouloir comparer au diable un chérubin.

BONNEFOND.

Songez donc qu'il écrit et qu'il est journaliste.

LOUISE.

Il n'aime que lui-même, il vit en égoïste.

BONNEFOND.

Avec lui vous aurez la loge à l'Opéra,
Et de mille façons il vous divertira.

LOUISE.

Jamais.

BONNEFOND.

  Vous apprendrez les plus fraîches nouvelles
Et de l'ambition les secrètes ficelles ;
De fêtes, de plaisirs il vous accablera
Et dans quelque gazette on vous illustrera.

LOUISE.

Plutôt la mort.

BONNEFOND.

  Ah ! bah ! avant peu, je présume,
Sous son impulsion vous saisirez la plume ;
Vous abandonnerez broderie et festons,
Et vous rédigerez vos petits feuilletons.

LOUISE.

Je vous parle, monsieur, d'une affaire importante,
Et votre ton railleur trompe fort mon attente.

BONNEFOND.

Je ne ris pas.

LOUISE.

Pardon.

BONNEFOND.

Je suis très-sérieux
Et vous parle d'un fait qui saute à tous les yeux ;
Lorsque dans un journal vous avez une entrée,
Hommes, femmes, blancs, noirs, et de toute contrée
Vous pouvez, sans avoir à craindre nul sifflet,
Raconter au lecteur l'histoire qui vous plaît ;
Emprunter et piller, broder sur des sornettes,
Et de là vous sortez tranquille, les mains nettes.
Comment ! moi, j'en connais, du reste assez nigauds,
Qui dans ce trafic-là, gonflent fort leurs magots,
Évitent les ennuis de garder la boutique,
Et sont fort bien reçus de toute la critique.

LOUISE.

Est-ce ainsi qu'à mon sort vous vous intéressez ?

BONNEFOND.

Hélas ! par les chagrins nos vœux sont traversés.

LOUISE.

Oh ! ne refusez pas de me prêter votre aide.

BONNEFOND.

A vos prétendus maux je ne vois qu'un remède.

LOUISE.

De moi vous vous moquez : il est peu généreux
De se montrer cruel envers les malheureux.

4.

SCÈNE II

GERVAL, BONNEFOND.

BONNEFOND.

Votre gouvernement est en pleine anarchie
Et Louise, il paraît, s'est du joug affranchie.

GERVAL.

Vous plaisantez.

BONNEFOND.

Non, non, le fait est positif
Et j'ignorais qu'elle eût un esprit si rétif.

GERVAL.

Ce qu'elle dit n'a rien qui doive vous surprendre.

BONNEFOND.

Je doute que Voltin soit jamais votre gendre.

GERVAL.

Il le sera.

BONNEFOND.

Du tout, elle n'écoute rien ;
J'ai sans aucun succès employé tout moyen.

GERVAL.

Louise à nos désirs obéira, vous dis-je ;
Ici, dans la maison est-ce elle qui dirige ?
Diable ! mais, Bonnefond, je vous trouve plaisant ;
Quoi ! je ne serais plus chez moi maître à présent !

BONNEFOND.

Très-bien.

GERVAL.

Je vais agir de façon plus sévère.

BONNEFOND.

Une fille a toujours grand pouvoir sur son père.

GERVAL.

Est-ce que nous voulons son malheur, après tout?
Ah! moi, je trouverais Voltin fort à mon goût ;
Elle doit aux conseils se montrer plus docile
Et par taquinerie être un peu difficile.

BONNEFOND.

C'est un garçon rusé, subtil, des plus adroits,
Et vous ne pouviez faire un préférable choix.

GERVAL.

Les femmes ont toujours d'étranges amourettes ;
Mais tout ira, mon cher, comme sur des roulettes.

BONNEFOND.

A la bonne heure !

GERVAL.

Et vous, comment cela va-t-il?
Avez-vous prudemment conjuré le péril?

BONNEFOND.

Oui, mon brave Gerval, et grâce au ciel, j'espère
Que nous en obtiendrons un effet salutaire ;
Nous avons de nouveau discuté, contesté,
Et Régine a plié devant ma fermeté.

GERVAL.

Ah! tant mieux, mon ami, je vous en félicite.

BONNEFOND.

La transformation fut tout à fait subite ;
Pour la première fois, plus humble, elle a fléchi
Et semble me comprendre.

GERVAL.

Elle aura réfléchi.

BONNEFOND.

Malgré tous ses attraits, ses beautés et sa grâce,
Sans fortune, sans moi que veut-on qu'elle fasse?

GERVAL.

C'est clair.

BONNEFOND.

Elle sortait et doit venir ici ;
Donnez-lui doucement quelques conseils aussi.

GERVAL.

Je n'y manquerai pas.

BONNEFOND.

Un rien la contrarie ;
Parlez-lui de toilette et de coquetterie ;
Dites que désormais les torts sont oubliés
Et que je mets mon cœur, mes trésors à ses piés ;
La voici, je vous laisse.

SCÈNE III

RÉGINE, GERVAL.

GERVAL.

Ah ! du fond de mon âme,
Je vous fais compliment, belle et charmante dame ;
La concorde renaît parmi vous aujourd'hui ;
De vos foyers la guerre et ses tourments ont fui.

RÉGINE.

En effet.

GERVAL.

Bonnefond est d'excellente pâte ;
Toujours à vos genoux, il vous chérit, vous gâte,
A nul de vos désirs ne s'est point refusé,
Et pour vous plaire, à tout je le vois disposé.

RÉGINE.

Vous ne vous doutez pas de quelle tyrannie,
Dans nos rapports constants il a pris la manie ;
Ce sont en ce moment d'inutiles propos,
Je laisse de côté tous ses tristes défauts ;
La complète harmonie est ce que je souhaite,
Puisqu'à ses vœux je cède et que la paix est faite.

GERVAL.

Lorsque l'on prouve aux gens sa bonne volonté,
Madame, on a toujours le droit de son côté.

RÉGINE.

J'accepte volontiers tout ce qu'il me propose,
A partir de ce jour à rien je ne m'oppose ;
Mais j'y mets avec vous une condition
Qui devra nettement trancher la question.

GERVAL.

Laquelle ?

RÉGINE.

          C'est qu'Armand épouse votre fille ;
Depuis longtemps il est reçu dans la famille,
Tous deux s'aiment.

GERVAL.

          Ainsi vous arrangez cela ;
Je ne puis accepter cet ultimatum-là.

RÉGINE.

Quand aux bonnes raisons on n'est pas accessible,
Toute entente devient difficile, impossible.

GERVAL.

En vérité pourquoi voulez-vous m'imposer
Un gendre à votre goût que j'ai dû refuser ?
Il vous prend, convenez, de singuliers caprices ;
Monsieur Voltin me plaît, m'a rendu des services,
Et pour vous satisfaire, oui, pour votre agrément,
Je devrais le priver de mon consentement.

RÉGINE.

Vous savez que Voltin est un ami d'enfance,
Qui sur ma destinée a sa part d'influence ;
En suivant ses avis j'ai dû me marier,
Subir mille tourments et me sacrifier.
Tant qu'il ne sera pas sous le poids d'une chaîne,
Sa constante amitié soulage un peu ma peine ;
Mais du jour qu'il aura pris un engagement,
Je ne le verrai plus inévitablement.

GERVAL.

Votre raisonnement, madame, est égoïste,
Et vous voyez les gens du côté le plus triste.

RÉGINE.

Réfléchissez, monsieur, c'est la guerre ou la paix.

GERVAL.

Votre calcul est faux et sous un voile épais...

RÉGINE.

Il est une raison encor très-importante
Qui vous expliquera cet effort que je tente ;
Vous savez que Voltin se bat avec Armand.

GERVAL.

Plaît-il ?

RÉGINE.

Voyez où mène un fol entêtement ;
Ils se sont querellés si bien que, tout à l'heure,
Il se peut, grâce à vous, que l'un ou l'autre meure.

GERVAL.

Comment ! sur le terrain ils vont se rencontrer ?

RÉGINE.

Oui, seul, dans la raison vous les feriez rentrer.
Pour qu'ils ne poussent pas plus loin cette sottise,
Armand sans plus tarder doit épouser Louise.

GERVAL, agité.

Diable ! il faudrait d'abord au duel aviser ;
Qu'ils n'aillent point tous deux follement s'exposer.

RÉGINE.

Vous n'avez qu'un moyen sûr, je vous le répète :
Consentez et la joie alors sera complète ;
Les rivaux à l'instant se donneront la main,
Et nul à ce débat ne pensera demain.

GERVAL.

Mais, Régine, songez que l'on a ma parole.

RÉGINE.

Devant de tels dangers le motif est frivole ;
De ces deux jeunes gens vous risquez le trépas,
Et votre fille, enfin, Voltin ne l'aime pas.

GERVAL.

Quoi ! que prétendez-vous ? il m'a dit le contraire.

RÉGINE.

Si vous le préférez, allons, laissons-les faire.

GERVAL.

Non, il est des moyens que nous devons tenter ;
Dans ce but je vous quitte et cours les arrêter.

SCÈNE IV

RÉGINE, seule.

Je n'ai point la constance et la philosophie
De souffrir que Voltin seule me sacrifie,
Et qu'ayant à mes pieds attaché le boulet,
De son amour volage une autre soit l'objet.
Oh ! tout m'est odieux ; même sur l'innocence,
J'assouvirais, je crois, ma haine et ma vengeance.
Avoir tout compromis, et jeunesse, et beauté,
Pour être un jour en butte à l'infidélité.

Oui, je préférerais une noble détresse
A ce destin honteux que m'a fait la richesse,
Et je jalouse ceux qui par un dur labeur,
Exempts de tout remords connaissent le bonheur.

SCÈNE V

VOLTIN, RÉGINE.

RÉGINE, à Voltin qui parait déconcerté en la voyant.

Oh! oh! ce n'est pas moi qu'on attendait sans doute,
Et vous me rencontrez en travers de la route.

VOLTIN.

Je vous connais assez et n'en suis point surpris;
De mon amour éteint vous cherchez les débris.

RÉGINE.

Avec autant de front un homme est-il infâme?

VOLTIN.

Ne récriminons point sur le passé, madame.

RÉGINE.

Ah! si! pardonnez-moi, j'y prétends revenir;
Je détourne les yeux de l'obscur avenir.

VOLTIN.

Parbleu! vous avez tort; à vous seule est la faute,
Si vous ne pouvez pas marcher la tête haute;
J'ai fait pour vous de moi tout ce qui dépendait,
Mais vous ne savez pas reconnaître un bienfait.

RÉGINE.

Ingrat, je t'ai donné l'éclat de ma jeunesse;
Tu ne tiens même pas compte de la tendresse,
Et quand aux yeux de tous, pour toi j'ai tout bravé,
De reproches amers mon cœur est abreuvé.

VOLTIN.

Vous oubliez qu'on vit sous le regard du monde ;
Il faut s'en souvenir, malheur à qui le fronde !

RÉGINE.

Ah ! que vous étiez loin de me parler ainsi,
Avant qu'en vos projets vous eussiez réussi ;
Vous m'avez conseillé, vous disiez que la ruse
Protégeait le bonheur que le monde refuse ;
Aux plus purs sentiments vous n'eûtes nul égard :
Vous m'avez mis la main dans celle d'un vieillard.
Jurant qu'auprès de moi, votre éternelle idole.
Vous seriez à jamais un ami qui console,
Et qu'en quelque péril que me jetât le sort ;
Vous m'appartiendriez à la vie, à la mort.

VOLTIN.

Oh ! dans sa passion que la femme est étrange !
Ici-bas, malgré nous, tout avec l'âge change ;
Follement on commet des erreurs à vingt ans,
Qu'il faut rectifier quand il est encor temps ;
Je fus cause, il est vrai, de votre mariage,
Où vous pouviez trouver un fort grand avantage ;
Mais vous avez dans l'âme une telle raideur.
Qu'oublieuse de tout, vous m'en tenez rigueur.

RÉGINE.

Que ne comprenez-vous mon rôle et mon supplice ?
Vous ne parleriez pas avec tant d'injustice.

VOLTIN.

Non, je ne comprends pas et vous me surprenez ;
Votre époux est de ceux qu'on mène par le nez,
Il se montre avec vous d'une extrême faiblesse.
Et vous ne manquez pas de pouvoir ni d'adresse :
Vous le faites tourner au gré de vos désirs ;
Il vous prodigue tout. les trésors, les plaisirs.
Régine, vous entrez dans un fatal système.

RÉGINE.

Mais tu ne sais donc pas, malheureux, que je t'aime ;
Près d'un autre mon cœur peut-il être joyeux ?
Tu me tiens sans rougir un langage odieux :
D'un espoir décevant, oui, je m'étais flattée,
Par aucun repentir je ne fus arrêtée,
J'écoutais seulement ce que disait ta voix,
Et lorsque tu me dis un mot, moi, je te crois.

VOLTIN.

Notre position est fausse, détestable,
Et j'ai pour en sortir un moyen honorable ;
Regardez tout cela comme un rêve effacé,
Ne vous rappelez plus un criminel passé ;
Devenez une épouse et vertueuse et sage,
Du monde positif faites l'apprentissage.

RÉGINE.

Eh bien ! non, lâche, non ; je m'attache à tes pas,
Et de cette façon tu n'en sortiras pas.
Depuis un certain temps j'en sais long sur ton compte ;
En mille occasions tu t'es couvert de honte ;
Tu vis de tes emprunts et tu t'es obéré.
A tes amis, partout, je le raconterai.

VOLTIN.

Votre position est par trop équivoque,
On ne vous croira pas et de vous je me moque ;
Je ne suis point gêné comme vous le pensez,
Et dans un lieu fort sûr tous mes fonds sont placés :
Gerval n'ignore pas que ma fortune est claire :
Moi, je suis à ses yeux une excellente affaire.
Et...

SCÈNE VI

JORAS, VOLTIN, RÉGINE.

JORAS, à Voltin.

Puis-je vous parler ?

VOLTIN, à Régine.

Madame, excusez-nous.

RÉGINE.

Messieurs, je me retire.

Bas à Voltin.
Et j'attendrai chez vous.

SCÈNE VII

JORAS, VOLTIN.

JORAS.

J'apprends à l'instant même, avec grande surprise,
La mauvaise action que vous avez commise.

VOLTIN.

Quoi ? cet article ?

JORAS.

Eh ! oui, vous tranchez à tâtons.

VOLTIN.

Et qu'importe après tout, puisque nous nous battons ?

JORAS.

Instruisez-vous, sachez qu'il est telle morsure
Dont on ne parvient pas à guérir la blessure,
Que quand on a l'honneur d'écrire en un journal,
On ne doit jamais être un instrument banal,
Qu'on est juge suprême et que l'on prévarique
En portant sur quelqu'un une sentence inique

VOLTIN.

Il fait mauvais.

JORAS.

Bah ! bah ! audacieux farceur.
En nul art fûtes-vous jamais un connaisseur ?
Vous vous mêlez de tout, même de politique,
Et de quoi que ce soit vous n'avez la pratique.
Avec certain aplomb et beaucoup de grands mots.
On réussit parfois dans un cercle de sots,
On est un caqueteur et l'écho du scandale.
Mais on mène, Voltin. une existence sale.

VOLTIN.

Tudieu ! vous m'accablez de jolis compliments.

JORAS.

Hé ! c'est que vous suivez les pires errements.
Et qu'au lieu d'éclairer en jetant la lumière,
Vous cherchez le profit seul dans votre carrière.

VOLTIN.

Comment ! de ce calcul vous paraissez surpris :
Tous sans exception font de même à Paris.

JORAS.

Non. et quand on copie ou bien que l'on imite.
On borne son exemple aux seuls gens de mérite ;
Bien loin de vous targuer d'un fait très-hasardé,
Que n'avez-vous de près un peu mieux regardé ?
Vous en verriez beaucoup qui, dans la solitude.
Passant leur vie entière au plaisir de l'étude.
Et. champions constants dans leurs convictions,
Demeurent les soutiens de nos traditions.
Ceux-là sont les piliers de la vaste science :
Par eux d'un pas certain l'espèce humaine avance ;
Ils ne s'amusent point de futiles hochets,
Et sont les défenseurs du moderne progrès ;

Ces hommes dévoués dont la presse s'honore,
Ne font point au hasard de réclame sonore ;
En pesant les talents comme on pèserait l'or,
Ils aident le génie à prendre son essor,
Décernent au travail sa juste récompense,
Et sont réellement les guides de la France :
Voilà les gens, voilà ceux qu'on aime écouter,
Les modèles enfin que l'on doit imiter.

VOLTIN.

Oh ! oh ! des puritains d'un pareil caractère,
Dans le temps actuel on n'en trouverait guère.

JORAS.

Plus que vous ne pensez, honteux spéculateur,
De ma profession sont la gloire, l'honneur,
Travaillent nuit et jour et n'ont pour but unique,
Que de mettre le bien sur la terre en pratique.
Dans l'ombre, quelques-uns étudiant sans bruit,
De leurs rudes labeurs tirent à peine fruit,
Mènent avec courage une existence dure,
N'ont jamais recherché qu'un guide, la droiture,
Et savent qu'un mandat aussi haut, aussi grand,
Exige la vertu de celui qui le prend.

VOLTIN.

Vous exagérez tant que nul, à vous entendre,
A semblable métier ne voudrait plus prétendre.

JORAS.

Au milieu de nos chocs, des douleurs, des combats,
Il est trois missions sublimes ici-bas.
La première avant tout, il faut le reconnaître,
C'est celle du pasteur de nos âmes, du prêtre,
Qui répand l'huile sainte au front du souverain,
Et tend sur l'échafaud au condamné la main :
Apaise dans nos cœurs la haine, la colère,
Et, disciple du Christ, secourt toute misère.

La seconde, au milieu de notre peuple humain,
C'est contre tant de maux celle du médecin.
La troisième, Voltin, celle du journaliste,
A soutenir le droit et le talent consiste.

VOLTIN.

Je n'ai jamais visé si haut en mon emploi.
La vie est une lutte où chacun tire à soi,
Et je vous trouve, vous, d'humeur originale.
De venir me conter toute votre morale ;
De ce rôle tant mieux si vous êtes content,
Pour moi je me marie et songe à l'important ;
Je veux de ma fatigue avoir la récompense
Et mener avant tout une douce existence.

JORAS.

Vivez, si bon vous semble, en des palais dorés ;
A partir de ce jour, allez où vous voudrez ;
Méconnaissant mes soins et ma sollicitude,
Vous mêlez l'insolence à votre ingratitude,
Vous êtes...

VOLTIN.

            Pardonnez ! une affaire d'honneur,
Me force d'interrompre un discours plein d'aigreur.
Je ne suis pas un homme à manquer de ressource ;
Des gains avantageux je possède la source,
Et de tous les côtés, à Paris, vingt journaux
Seront heureux et fiers d'accepter mes travaux.

JORAS.

Il n'est rien aujourd'hui que l'audace ne brigue ;
Poursuivez, effronté, modèle de l'intrigue ;
Mais ressouvenez-vous que toute iniquité
Pour juge a du public la grande autorité.

ACTE CINQUIÈME

—

SCÈNE PREMIÈRE

GERVAL, LOUISE.

GERVAL.

Ils ont sur cet article engagé la querelle.
Et sont en ce moment où l'honneur les appelle :
En vrais évaporés. entraînés par l'ardeur,
Ils vont nul ne sait où déployer leur fureur :
Et pour mettre le comble à pareille équipée,
Comme arme de combat ils ont choisi l'épée.

LOUISE.

Ah ! quelle inquiétude !

GERVAL.

Et, bien certainement,
Le seul provocateur est ce brouillon d'Armand.

LOUISE.

Vous n'êtes point. mon père, avec lui charitable ;
En tout cas, à vos yeux, il est toujours coupable.

GERVAL.

Sans doute.

LOUISE.

Et savez-vous où le duel a lieu ?

GERVAL.

Non, mais je te réponds qu'ils ont mon désaveu ;
De mourir sottement il faut avoir envie ;
Rien est-il plus niais que de risquer sa vie ?
Ah ! les fous !

LOUISE.

Que l'attente est un supplice affreux !

GERVAL.

Ils n'ont pas un témoin raisonnable avec eux.

LOUISE.

Combien le cœur éprouve une cruelle peine.
Alors qu'un ami court une chance incertaine !
Puisse-t-il par le sort être favorisé !

GERVAL.

Si ce pauvre Voltin allait être blessé,
Hein ?

LOUISE.

Lui seul, selon vous, est digne de tendresse :
Mais ce n'est pas à lui que mon cœur s'intéresse,
Et si votre Voltin égratignait Armand,
Je le détesterais encor plus vivement.

GERVAL.

Et vous le détestez en vain, mademoiselle ;
Depuis quand une enfant est-elle ainsi rebelle ?
Oh ! nous obtiendrions un brillant résultat,
S'il fallait que le père à vous s'en rapportât
C'est tout votre avenir qu'en ce moment j'assure.
Sachez donc obéir sans plainte et sans murmure.

LOUISE.

Vous n'êtes pas du tout d'accord avec maman ;
Jamais on ne vous vit si farouche tyran ;
Votre absolu pouvoir maintenant nous accable,
Et vous avec chacun naguère doux, affable,
Ne témoignez...

GERVAL.

Assez ! il est un peu trop fort
Que l'on prétende ici me mettre dans mon tort ;
Parbleu ! croirait-on pas que l'époux qu'on te donne
Est une malhonnête et méchante personne ?

LOUISE.

Vous vantez ce monsieur comme un noble héros,
Tandis que c'est un homme aussi rusé que faux :
Rempli de vanité, de fiel et de rancune,
Et couvant seulement de l'œil votre fortune.

GERVAL.

Bah !

LOUISE.

Vous vous laissez prendre à sa mauvaise foi ;
L'a-t-on un seul moment vu s'occuper de moi ?

GERVAL.

Hé ! Voltin n'a-t-il pas bien autre chose à faire,
Que causer de modiste ou bien de couturière,
Lui dont l'ardent esprit et le fécond cerveau
Au-dessus des humains brille comme un flambeau ?
Quel crime, en vérité ! voilà mes péronnelles ;
A toute force il faut que l'on s'occupe d'elles,
Et malgré tes raisons, en lui ce qui me plaît,
C'est qu'il est avec toi convenable et discret.
Ah ! le charmant garçon !

LOUISE, après avoir regardé à la fenêtre.

Combien le temps me dure !
L'incertitude, hélas ! quelle affreuse torture !
N'entends-je pas en bas une porte s'ouvrir ?
Oh ! il est des moments où l'on voudrait vieillir.

GERVAL.

A Voltin sans nul doute appartient la victoire.

LOUISE.

Au gré de vos désirs vous écrivez l'histoire.

GERVAL.

Si l'autre combattant lui résiste, il est clair
Qu'il a l'âme et le cœur chevillés dans la chair ;
De tout Paris Voltin est la plus forte lame,
Et quand il ne vous tue, au moins il vous entame.

LOUISE.

Son adversaire aussi, le fait n'est que trop vrai,
Aujourd'hui n'en est point au premier coup d'essai.
O terrible combat, événement funeste !
Votre monsieur Voltin combien je le déteste !

GERVAL.

Mais, raisonneuse enfant, tu ne le connais pas ;
Une fois mariés vite tu t'y feras.

LOUISE.

Elle-même, maman, dit qu'en cette occurence,
Du côté qui m'est cher penche sa préférence ;
Nous sommes toutes deux sur ce point bien d'accord,
Et sa bouche à l'instant le répétait encor.

GERVAL.

Ta mère, tu le sais, est à changer fort prompte,
Et sa faiblesse m'a causé plus d'un mécompte.

LOUISE.

Quel supplice cruel ! si quelqu'un allait voir
Afin de s'informer et d'en plus long savoir.

SCÈNE II

MADAME GERVAL, GERVAL, LOUISE.

MADAME GERVAL.

Eh bien ! voilà, Gerval, de fâcheuses surprises.

GERVAL.

Oui, ma femme, en effet, les rivaux sont aux prises.

MADAME GERVAL.

Conçoit-on la fureur d'un tel emportement,
Et ne pouvaient-ils point s'entendre doucement ?

LOUISE.

Mais où ? de quel côté les a conduits leur haine ?

MADAME GERVAL.

Ils sont, dit-on, partis pour le bois de Vincenne.

GERVAL.

Si de leur rendez-vous on était plus certain,
Dussé-je les trouver luttant sur le terrain,
J'irais de ce pas...

LOUISE.

Oui, courez vers eux, mon père,
Et vous empêcherez un malheur, je l'espère.

MADAME GERVAL.

Donne-leur des avis, exhorte-les tous deux,
Et sortons au plus tôt de cet état fâcheux.

GERVAL, embrassant Louise.

Ma fille, adieu !

LOUISE.

Courage et de la force d'âme.

MADAME GERVAL.

Surtout sois modéré, prudent...

GERVAL.

Adieu, ma femme.

SCÈNE III

MADAME GERVAL, LOUISE.

MADAME GERVAL.

A les bien accueillir loin de nous empresser.
Tout rapport avec eux chez nous devait cesser

Notre maison devient en démêlés féconde ;
Que va-t-on raconter et dire dans le monde ?
C'est nous qui, les premiers, avons eu tous les torts ;
Je ne le cache pas, moi, j'en ai du remords,
Et s'il fallait qu'un d'eux du combat fût victime,
Louise, je croirais avoir commis un crime.

LOUISE.

Conçoit-on que des gens qui prêchent le progrès,
A s'entr'assassiner ainsi soient toujours prêts ?

MADAME GERVAL.

Ton père innocemment de tout est un peu cause ;
Il était bien placé pour arranger la chose ;
Monsieur Voltin, dit-il, est ton adorateur,
Affronter ce duel est d'un valeureux cœur.

LOUISE.

D'une profonde erreur, maman, vous êtes dupe.
Si de moi vous croyez que ce monsieur s'occupe.

MADAME GERVAL.

Pourtant...

LOUISE

Dans le dessein de nuire à son rival,
Il a fait un article et l'a traité fort mal ;
Au lieu de le combattre en critiquant son œuvre.
Il use à son égard d'une vile manœuvre,
S'en prend à sa personne. et, plein de lâcheté,
Accuse effrontément son incapacité ;
Puis de ce procédé déloyal il résulte
Qu'Armand est obligé de venger son insulte.

SCÈNE IV

JORAS, MADAME GERVAL, LOUISE.

JORAS, saluant.

Mesdames.

MADAME GERVAL.

Cher monsieur, n'avez-vous rien appris ?
Les combattants sont-ils de retour à Paris ?

JORAS.

Je sais que tous les deux se sont pris de querelle,
Mais sur le résultat je n'ai nulle nouvelle.

LOUISE.

Ah !

JORAS.

Je viens d'aller voir quelques-uns des tableaux
Que des amis d'Armand ont reçus en cadeaux.

MADAME GERVAL.

Cette peinture est-elle en effet si mauvaise,
Qu'aux juges, qu'au public, à tous elle déplaise ?

JORAS.

Je n'en ai jamais vu de plus riche couleur ;
C'est empâté. solide et peint avec ampleur,
Et j'en connais beaucoup que la presse renomme,
Qui, sous tous les rapports, sont loin de ce jeune homme.

LOUISE.

Juste ciel ! quel bonheur ! vous l'entendez, maman.
Monsieur met assez haut le mérite d'Armand.

JORAS.

Ah! nous avons, madame. un rôle difficile
Où l'on voit échouer l'esprit le plus habile.
Non-seulement il faut. au milieu du courant,
Trouver la vérité. résister au torrent,
Prendre du novateur hardiment la défense,
Remettre à leur niveau les sots que l'on encense.
Vivre dans le passé, le présent, l'avenir,
Et de taches souvent ne se point souvenir ;
Mais nous devons aller arracher de leur ombre
Les artistes perdus au fond d'un réduit sombre.

Et même quelquefois fussent-ils des ingrats,
Quand ils soutiennent l'art leur ouvrir nos deux bras.
Il en est sur lesquels le ciel, plein de tendresse,
Dispense avec le jour sa féconde richesse ;
D'autres, sous le rapport de l'esprit et du cœur,
Ont obtenu de lui la plus grande faveur,
Mais souffrent vaillamment la misère, l'outrage,
Poursuivant ignorés quelque immortel ouvrage.
Des plus tristes horreurs leur mystère est rempli
Et ces infortunés succombent dans l'oubli.
Voilà ceux vers lesquels notre main doit se tendre
Et qu'il faut rechercher avec une ardeur tendre.
Quant à ces intrigants, ces heureux parvenus,
Qui, sans un seul succès, sont partout bienvenus,
Vendent cher des rebuts, roulent dans l'opulence
Et deviennent fameux par leur impertinence,
Qui n'ont pitié de rien, de l'art ni du malheur,
Et pèsent seulement de l'argent la valeur,
Ah ! nous sommes tenus de leur faire la guerre
Et nous revendiquons l'honneur de leur déplaire.

MADAME GERVAL.

Ainsi, votre confrère, et ceci me surprend,
Sur ce grave sujet parlait en ignorant.

JOBAS.

Hélas ! nous en comptons chez qui leur ignorance
Augmente encor l'aplomb et la folle jactance :
Dont on lit chaque jour les articles divers,
Et le peu de savoir est leur moindre travers.
Beaucoup devant leurs pas trouvant la porte ouverte,
S'embarquent au hasard et courent à leur perte,
Parlent sans se gêner des réputations
Et font impunément leurs divagations.

LOUISE, après avoir regardé à la fenêtre.

Si j'en juge, monsieur, d'après ce que vous dites,
Qu'il doit naître souvent de querelles subites !

Croise-t-on à Paris le fer de tout côté
Et les hommes ont-ils tant d'animosité?

JORAS.

Non, l'on ne se bat point pour des affaires telles
Qu'on traite avec raison de pures bagatelles :
Si j'eusse été présent à l'explication,
J'aurais fait triompher la modération.

MADAME GERVAL.

Nous n'aurions point souffert ce terrible supplice.

JORAS.

Je m'en vais de Voltin réparer l'injustice;
Effacer, si je puis, un article insolent
Et d'Armand dès demain signaler le talent.

LOUISE.

Oh! d'avance, monsieur, je vous en remercie.

MADAME GERVAL.

Et je vous reconnais à votre courtoisie.

SCÈNE V

ARMAND, MAXIME, JORAS, MADAME GERVAL.
LOUISE.

MADAME GERVAL, avec émotion.

Ah! voici ces messieurs.

LOUISE, à Armand.

                N'êtes-vous point blessé?

ARMAND.

Non, je suis de Paris l'homme le plus vexé.

MAXIME.

De percer un rival il n'a pas eu la chance.

ARMAND.

Il ne m'est point permis d'assouvir ma vengeance.

JORAS.

Quoi ! vous n'avez pas pu le corriger un peu ?

ARMAND.

Cet insulteur fieffé de tout se fait un jeu.

MADAME GERVAL.

Comment ?

MAXIME.

Il a quitté vite son domicile,
Partant, nul ne sait où demander un asile :
Armand, dans la chaleur de son noble courroux,
N'avait point précisé le lieu du rendez-vous.
De sorte que moi-même, en lui rendant visite,
Par le portier j'ai su qu'il avait pris la fuite.

JORAS.

Non, non, est-ce possible ?

ARMAND.

Il échappe au combat,
Me laissant sous le coup de son lâche attentat.

LOUISE, à Armand.

Ah ! jamais tour de même il ne se peut qu'on voie ;
L'objet de votre ennui nous cause de la joie.

MADAME GERVAL.

Assurément.

MAXIME.

J'ai vu les bureaux du journal
Où j'avais espéré trouver notre brutal,
Personne.

JORAS.

Il n'a plus droit d'y distiller sa bile,
Ni de nous fatiguer de son filandreux style ;
Tout à l'heure avec lui j'ai rompu tous rapports,
Et, si je l'y voyais, je le mettrais dehors.

ARMAND.

Quel toit fatal procure un refuge à ce traître ?
Où pense-t-il cacher sa honte, ou peut-il être ?

MADAME GERVAL.

N'avez-vous point, messieurs, rencontré mon mari ?
Il a dû retrouver son protégé chéri.

MAXIME.

Nous ne le vîmes point.

ARMAND.

            Il m'eût fait une scène.

LOUISE.

Pourvu qu'il ne soit pas allé jusqu'à Vincenne.

MAXIME.

Ah ! je suis stupéfait, furieux de ceci :
Nulle affaire jamais ne s'est passée ainsi ;
Un fourbe, un insolent nous joue un tour infâme,
Nous insulte tous deux, nous trompe, nous diffâme.
Et lorsqu'on va le voir mis en chair à pâté,
Il pourvoit sans vergogne à sa sécurité.

ARMAND.

Allons, bon !

MAXIME.

        Pourquoi bon ?

ARMAND.

                    Ton ardente bravoure
A dans certains moments besoin qu'on la secoure.

MAXIME.

Oui, parbleu ! j'en conviens, pour mon goût personnel,
J'aime autant éviter ce tournois solennel.

MADAME GERVAL.

Tu ne tiens pas, Maxime, à montrer ta prouesse ;
Reçois mon compliment, j'approuve ta sagesse.

SCÈNE VI

GERVAL, ARMAND, MAXIME. JORAS. MADAME
GERVAL, LOUISE.

GERVAL, bouleversé.

Terrible catastrophe, ô désolation !

MADAME GERVAL.

Qu'est-ce donc ?

LOUISE.

Qu'avez-vous ?

GERVAL.

Abomination !
Ah ! qui se fût douté d'un acte de la sorte ?
C'est à moi, mes amis, tout l'argent qu'il emporte.

JORAS.

Et de qui parlez vous ?

GERVAL.

Je parle de Voltin,
De l'univers entier le plus affreux coquin.
Rien, rien dorénavant n'est sûr parmi les hommes ;
Il s'agit de valeurs et d'importantes sommes.

JORAS.

Ne vous alarmez pas au sujet de ce bien.
Votre emprunteur est riche et vous ne perdrez rien ;
Je ne m'explique pas du reste cette fuite
Ridicule, inutile et qui le discrédite.
Dans tous les cas, Gerval, n'ayez aucun ennui,
Je suis votre garant et je réponds pour lui.

GERVAL.

Oh ! mon ami, croyez à ma reconnaissance.

MADAME GERVAL, à Gerval.

Mais comment êtes-vous instruit de son absence?

GERVAL.

Du duel aussitôt que nous eûmes l'avis,
D'après votre conseil, je quittais le logis,
Lorsque je rencontrai, sortant d'une boutique,
Deux personnes dont l'une était son domestique :
C'est par lui que j'appris le surprenant départ
Qui me rend tout à coup victime du pendard.

MAXIME.

Vous n'avez qu'un moyen de rompre cette trame.

GERVAL, avec désespoir.

Aucun, aucun.

MAXIME.

Mais si.

GERVAL.

Lequel ?

MAXIME.

Eh la Réclame.

SCÈNE VII

BONNEFOND, GERVAL, ARMAND, MAXIME, JORAS, MADAME GERVAL, LOUISE.

BONNEFOND.

Ah ! mes pauvres amis, quel coup et quel destin !
Ma femme s'est sauvée avec monsieur Voltin.

GERVAL.

En vérité, mon cher, le fait n'est pas croyable.

BONNEFOND.

De la ville, ce soir, je vais être la fable;
Mieux vaudrait à mon âge être dans le linceul.

MAXIME.

Ah! parbleu! dans Paris vous n'êtes pas le seul;
Riez, consolez-vous, imitez vos confrères
Qui ne se blessent point de pareilles affaires.

MADAME GERVAL.

C'est mal.

GERVAL.

Oui, c'est fort mal.

BONNEFOND.

Se voir ainsi traité.

JORAS.

Vous ferez bien d'agir avec sévérité.

BONNEFOND.

Sans elle maintenant, je ne pourrai plus vivre.

JORAS.

Vous auriez tort, monsieur, de ne point les poursuivre;
De suite remettez la plainte au procureur
Et l'on vous vengera d'une telle noirceur.

BONNEFOND.

Tout, vous dis-je, est pour moi perdu sans espérance.
Une lettre me dit qu'ils ont quitté la France.

MAXIME.

Lorsqu'ici bas les gens vous font de pareils traits,
Rien n'est plus maladroit que de courir après.

BONNEFOND.

Tu m'as joué, Gerval, une terrible pièce
En me rendant l'époux d'une telle drôlesse.

GERVAL.

Ah! tous les deux, mon cher, on nous a mis dedans.

MADAME GERVAL.

Ne vous êtes-vous pas conduits en imprudents!

BONNEFOND.

C'est lui.

GERVAL.

Non pas.

BONNEFOND.

Hé ! si.

GERVAL.

Quel obstiné !

BONNEFOND.

Que diable !
Elle était, à l'entendre, une femme adorable.

GERVAL, balbutiant.

J'ai dit, j'avais pensé.....

MADAME GERVAL.

Ne vous disputez plus ;
Reproches et débats deviennent superflus.

MAXIME.

Certainement.

BONNEFOND.

Au moins convenez qu'il est triste
D'être le vil jouet d'un méchant journaliste.

GERVAL.

Peut-être qu'en faisant un article.....

BONNEFOND.

Allons, bon !
Des articles encore, oh ! quel étrange aplomb !

MAXIME, à Gerval et à madame Gerval.

Afin que par un bien tant de mal se termine.
Mon oncle, mariez Armand à ma cousine ;
Ma tante, répondez.

MADAME GERVAL.

Toi, Gerval, qu'en dis-tu ?

MAXIME.

Que du crime à la fin triomphe la vertu.

GERVAL.

De mes convictions je fais le sacrifice,
Et je consens à tout : allons qu'on les unisse.

MADAME GERVAL.

Joras qui se connaît en peinture, en honneur,
Va publier demain un article vengeur.

JORAS.

Oui, je veux réparer les erreurs d'une plume
Qui distilla toujours la haine et l'amertume.

FIN DE LA RÉCLAME

L'AMOUR ET LE DEVOIR

COMÉDIE EN CINQ ACTES, EN VERS

PERSONNAGES

LE COMTE DE LA ROCHE.

CLOTILDE, fille du comte.

LA BARONNE DE VERMONT, sœur du comte.

FERDINAND DE SENNEVILLE, avocat, amant de Clotilde.

DUMARSAN, oncle de Ferdinand.

LE MARQUIS DE RAMILLY, mécontent, ami du comte.

ALBERTINE, maîtresse du marquis.

BARNEL, ami de Ferdinand.

CLAUDE, domestique de Ferdinand.

DOMESTIQUES.

La scène se passe à Paris.

L'AMOUR ET LE DEVOIR

ACTE PREMIER

Le cabinet de travail de Ferdinand : une bibliothèque au fond, à gauche :
une table couverte de papiers et de livres : chaises, fauteuils : une porte
au fond dans le milieu.

SCÈNE PREMIÈRE

BARNEL, CLAUDE.

BARNEL.

Eh bien ! avec ardeur, toi, Claude, as-tu voté ?

CLAUDE.

Certainement, monsieur, j'ai fait un député,
Et j'ai dû m'escrimer, lutter, je le confesse,
Afin de traverser la foule qui se presse.

BARNEL.

Lequel préféras-tu parmi les candidats ?

CLAUDE.

A vous dire le vrai, ma foi, je ne sais pas.

BARNEL.

Comment ? ignores-tu que l'on porte ton maître ?

CLAUDE.

Non, non.

BARNEL.

Qui choisis-tu ?

CLAUDE.

C'était monsieur peut-être ?

BARNEL.

Peste soit du nigaud, maladroit fieffé,
Qui sans savoir pour qui risque d'être étouffé.

CLAUDE.

De tous l'élection est le meilleur système,
A ce que chacun dit : c'est drôle tout de même.

BARNEL.

Avec intelligence on doit donner sa voix.

CLAUDE.

Oh ! le plus important est d'user de ses droits.

BARNEL.

L'ignorance peut faire une lourde sottise.

CLAUDE.

On est libre après tout de voter à sa guise.

BARNEL.

Il faut agir au moins avec discernement.

CLAUDE, réfléchissant.

J'ai pris le bulletin un peu légèrement.

BARNEL.

A nommer tel ou tel nul ne peut nous contraindre :
Mais de ton maître enfin as-tu lieu de te plaindre ?

CLAUDE.

Du tout.

BARNEL.

Vous êtes tous des serviteurs ingrats.

CLAUDE.

Excusez-moi, monsieur ; moi, je ne le suis pas :
J'aime de tout mon cœur, monsieur de Senneville ;
Il n'a jamais trouvé quelqu'un de plus docile,
Et depuis que je suis en service chez lui,
Je ne lui causai point le plus léger ennui.

BARNEL.

Vas-tu pas de cela te faire un grand mérite ?

CLAUDE.

Ah ! c'est que ma besogne ici n'est pas petite.
Monsieur exerce-t-il un singulier état !
Conçoit-on qu'à Paris on veuille être avocat :
Qu'on écoute les gens, et des heures entières,
Pérorer et jaser sur toutes les matières ?

BARNEL.

Devant son nez, je crois, vit-il manger son bien.
Ce brave Ferdinand ne dirait jamais rien.

CLAUDE.

Emporté par l'ardeur d'un courage héroïque,
Monsieur ne se nourrit qu'avec la politique.
Son plaisir le plus vif, quand il est loin du bruit,
Consiste à dévorer des bouquins jour et nuit.
Son oncle Dumarsan, quoiqu'ancien militaire,
A d'autres passe-temps ne saurait se complaire,
Et comme il laissera son bien à son neveu,
Sur sa manie il faut le satisfaire un peu.

BARNEL.

C'est ainsi qu'au milieu de la gent indiscrète,
Le labeur assidu, la vertu s'interprète.
Vous êtes aujourd'hui, mons Claude, fort bavard.

CLAUDE.

Ah ! devant vous, monsieur, moi, je parle sans fard.

BARNEL.

Apprends que Ferdinand est de plus noble race,

Qu'à personne il ne fait de menteuse grimace :
Son talent lui suffit et c'est un avocat
Qui gagne largement sa vie avec éclat.

CLAUDE.

Assurément.

SCÈNE II

ALBERTINE, BARNEL, CLAUDE.

BARNEL.

Ici ! quoi ? c'est vous, Albertine ?

ALBERTINE.

Oui, Barnel.

BARNEL.

Vous n'avez nul procès, j'imagine.

ALBERTINE.

Non, et je viens pourtant dans un but sérieux.

CLAUDE, bas.

Une dame chez nous, c'est assez curieux.

Haut.

Madame voudra bien m'excuser, je le pense,
De la laisser entrer sans plus de convenance.

BARNEL.

Allons, va, va.

SCÈNE III

ALBERTINE, BARNEL.

ALBERTINE.

Le fait est-il si surprenant ?
Je viens rendre un service à monsieur Ferdinand.

BARNEL.

Et lequel ?

ALBERTINE.

Je le veux sauver d'une disgrâce
En lui donnant à temps un conseil efficace.

BARNEL.

Albertine donner un important conseil :
Sous nul gouvernement vit-on rien de pareil ?

Après un moment de silence.

Hum ! je crois deviner votre supercherie
Et je n'accepte point cette plaisanterie.

ALBERTINE.

Je vous dis cependant la pure vérité.

BARNEL.

Veuillez vous expliquer avec plus de clarté.

ALBERTINE.

Ferdinand s'est épris de la fille d'un comte
Et ne calcule pas le refus qu'il affronte.

BARNEL.

Du comte de la Roche il est fort estimé :
De Clotilde pourquoi ne serait-il aimé ?

ALBERTINE.

Il croit naïvement cet amour réciproque
Et ne s'aperçoit point que de lui l'on se moque.

BARNEL.

Qui vous a renseignée ?

ALBERTINE.

Eh ! vraiment, le marquis.

BARNEL.

Quoi ! Ramilly ?

ALBERTINE.

Lui-même et je vous avertis.
Ne connaissez-vous point le culte que professe
Un moderne héritier de la vieille noblesse ?

Ferdinand, par le comte à bras ouverts reçu,
Laisse sa passion s'accroître à son insu,
Et dès qu'il prétendra parler d'une alliance.
On lui dira son fait avec impertinence.

BARNEL.

Combien à son bonheur vous prenez vive part !

ALBERTINE.

D'une fâcheuse erreur il reviendra trop tard !

BARNEL.

Le père aime sa fille avec idolâtrie.
En nulle occasion il ne la contrarie ;
S'il avait prétendu combattre son amour.
Depuis plus de six mois il l'eût fait sans détour.

ALBERTINE.

Mais puisque c'est, vous dis-je, un secret qu'il ignore.
Il n'a pu jusqu'ici la condamner encore.

BARNEL.

Ah ! bah !

ALBERTINE.

     Lorsque je sais la chose clairement.
J'ai lieu de m'étonner d'un tel entêtement.

BARNEL.

Admettons un moment que l'histoire soit vraie,
Et je n'y verrais rien dont Ferdinand s'effraie :
Le comte voulût-il se brouiller avec lui,
Que sa sœur aussitôt deviendrait son appui,
Et je suis assuré que nulle autre personne
A son gré ne le mène autant que la baronne.

ALBERTINE.

Oh ! que vous êtes bien ce dangereux ami
Plus à craindre cent fois qu'un loyal ennemi !

BARNEL.

Allons, là, franchement, convenez-en, ma chère.
Vous déguisez en vain et cachez un mystère :

Eh quoi? vous si joyeuse et fringante autrefois,
Vous faites résonner tristement votre voix :
Celle qui des amours agita la folie
Laisse voir à présent un cœur qui s'humilie?
Ah! moi, qui fus témoin de tant d'égarements,
Je ne puis rien comprendre à vos raisonnements.

ALBERTINE.

Je n'en suis point surprise et ma funeste histoire
Est un de ces secrets qu'on se refuse à croire.

BARNEL.

Connu, connu, parbleu! la faiblesse du cœur
A seule un jour fatal causé votre malheur.

ALBERTINE.

Non, par un don du ciel ici-bas j'étais née
Avec tout ce qu'il faut pour être fortunée,
Et le plus doux destin m'a constamment souri
Jusqu'au jour où j'ai dû me choisir un mari.

BARNEL, surpris.

Vous êtes mariée?

ALBERTINE.

            Hélas! ce fut ma perte,
Et l'autre route alors devant moi s'est ouverte.
Je fus comme jouet d'un rapide torrent
Dont la femme ne peut surmonter le courant :
Je perdis promptement mon protecteur, ma mère,
Et vis presqu'aussitôt remarier mon père,
Qui des soins paternels voulant se décharger,
Emporta tout, son bien, son cœur à l'étranger.

BARNEL.

Eh bien! votre mari?

ALBERTINE.

            Lui! je devrais me taire
Et ne point divulguer un odieux mystère.

BARNEL.

Vous avez dû, je crois, toujours m'apprécier
Et vous pouvez sans crainte à moi vous confier.

ALBERTINE.

Du moment que je fus attachée à sa chaîne,
Cet homme dévora sa fortune et la mienne,
A mes yeux étala sa dépravation
Et travailla lui-même à ma perdition,
Jusqu'à l'heure fatale où Dieu, dans sa colère,
Nous livra tous les deux en proie à la misère.
Comment mon cœur fut-il aussi vite abattu ?
Pourquoi tombai-je alors sans avoir combattu ?
Oh ! si je pouvais voir exaucer ma prière,
J'aimerais mieux souffrir, misérable ouvrière,
Et de mes mains gratter la terre dans les champs
Que de mener un train qui fait envie aux gens.

BARNEL.

Comme vous ne pouvez retourner en arrière,
Ne vous avisez pas de vous jeter la pierre :
Dans ce monde, bon Dieu ! qui n'a jamais failli ?
Vous êtes le trésor, l'ange de Ramilly.

ALBERTINE.

Du marquis ?

BARNEL.

           N'est-il pas pour vous plein de tendresse ?

ALBERTINE.

Combien, mon pauvre ami, votre erreur est épaisse !
Ce noble grand seigneur, si fier de ses aïeux,
Vit de telle façon qu'il choque tous les yeux,
Des plus purs sentiments effrontément se joue,
Ramasse sans pudeur des femmes dans la boue,
Ne souhaite partout que désordre, chaos,
Égare sa raison dans de sales tripots,
Dépense au mal son bien, toute son énergie,
Tâche de s'étourdir, court d'orgie en orgie,

Prétend se distinguer par l'excentricité
Et trouve du plaisir à la perversité.

BARNEL.

Naguère recherchant les fêtes et la joie,
Il n'était point lancé dans cette triste voie.

ALBERTINE.

Si de pareils penchants existaient en son cœur,
Il les dissimulait avec plus de pudeur.

SCÈNE IV

FERDINAND DE SENNEVILLE, ALBERTINE, BARNEL.

BARNEL.

Ah! voici Ferdinand.

FERDINAND, saluant Albertine.

Excusez ma surprise,

ALBERTINE.

Ma présence chez vous, en effet, l'autorise.

BARNEL.

Madame avec toi seul désirerait parler,
Et je sors à l'instant pour ne point vous troubler.
Mais des élections as-tu quelque nouvelle?
Messieurs les électeurs ont-ils montré du zèle?

FERDINAND.

On dit que nos amis ont fait un noble effort.
Mais sur le résultat je ne sais rien encor.

BARNEL.

Tu seras nommé, va, j'en ai pleine assurance.

FERDINAND.

Oh! gardons-nous, mon cher, d'avoir trop d'espérance.

BARNEL, lui serrant la main.

À bientôt.

SCÈNE V

FERDINAND, ALBERTINE.

FERDINAND.

Veuillez donc, madame, vous asseoir.
Et quel sujet chez moi vous amène?

ALBERTINE, assise.

Un devoir.

FERDINAND.

Un devoir?

ALBERTINE.

Oui, monsieur; je vous surprends sans doute.

FERDINAND.

Non, rien ne me surprend : parlez, je vous écoute.

ALBERTINE.

Je ne vous vis qu'un soir au milieu d'un dîné
Qui fut à ses amis par le marquis donné,
Et je compris de suite à votre front sévère
Que la réunion était loin de vous plaire :
Durant ce monotone et bizarre repas,
En vous je remarquai presque de l'embarras.

FERDINAND.

Quoique Ramilly soit mon ancien camarade,
Ce dîner, il est vrai, me sembla fort maussade.

ALBERTINE.

Avez-vous souvenir que fort tard, à la fin,
Ces messieurs succombant sous le charme du vin,
Et dans l'enivrement ouvrant leurs belles âmes,
Entre eux, vous et moi seuls, de sang-froid nous restâmes?

FERDINAND.

Je m'en souviens.

ALBERTINE.

Depuis j'ai retenu ce mot :
Il faut, avez-vous dit, qu'un homme soit bien sot,
Lorsque comme compagne il tient du ciel un ange,
Pour descendre à ce point et vivre dans la fange.

FERDINAND.

Sans doute, je l'ai dit.

ALBERTINE.

Hélas! pour mon époux
Que ne trouvai-je point un homme tel que vous?

FERDINAND, surpris.

Qu'entendez-vous par là? quelle est votre pensée?

ALBERTINE.

Ne peut-on racheter une faute passée?

FERDINAND.

Auprès de Dieu toujours, sur terre rarement.

ALBERTINE.

Ah! vous prononcez vite un cruel jugement.

FERDINAND.

Je parle avec franchise et ne puis davantage.

ALBERTINE.

Ce soir-là vous teniez un tout autre langage :
Quand deux cœurs, disiez-vous, sont liés par l'amour,
On ne les désunit qu'en leur ôtant le jour ;
Vous blâmiez des humains les sottises perfides
Et plaigniez tous les bons qui se perdent sans guides :
Vous condamniez l'erreur, les mille préjugés
Qui ferment à jamais le port aux naufragés.

FERDINAND.

En effet, je parlais en général, madame :
Moi, j'ai depuis longtemps disposé de mon âme.

ALBERTINE.

Votre cœur avant peu connaîtra le souci,
Et vous, à votre tour, vous souffrirez aussi.

FERDINAND.

Moi ! pourquoi ? j'y consens, tirez mon horoscope.

ALBERTINE, se levant.

Non, non, cela pourrait vous rendre misanthrope.

FERDINAND.

Enfin, expliquez-vous : dites-moi quel malheur
Me doit, à vous en croire, apprendre la douleur.

ALBERTINE.

Oh ! laissons l'avenir, le mal vient assez vite.

FERDINAND.

Alors je ne comprends rien à votre visite :
Vous venez accomplir un prétendu devoir,
Et sur moi vaguement jetez un crêpe noir.

ALBERTINE.

Pardonnez, j'espérais.....

FERDINAND.

        Savez-vous quelque chose ?
Voyons, à mon bonheur quel obstacle s'oppose ?

ALBERTINE.

C'était d'un rêve obscur les fausses visions
Et mieux vaut vous laisser à vos illusions.

SCÈNE VI

DUMARSAN, FERDINAND DE SENNEVILLE.
ALBERTINE.

FERDINAND, allant au-devant de Dumarsan.

Mon cher oncle, bonjour.

DUMARSAN.

Ah! ah! je te dérange.

FERDINAND.

Non, du tout : de ma part cela serait étrange.

ALBERTINE à Dumarsan.

Je m'en allais.

DUMARSAN à Albertine.

Jamais je n'eus la cruauté
De prendre quelque part le pas sur la beauté.

ALBERTINE. en se retirant.

Monsieur!...

SCÈNE VII

DUMARSAN, FERDINAND DE SENNEVILLE.

DUMARSAN.

Diable! mon cher, quelle aimable cliente!

FERDINAND.

Vous êtes, il paraît, toujours d'humeur galante.

DUMARSAN.

Ah çà ! toi, que sais-tu de nos élections ?

FERDINAND.

Rien.

DUMARSAN.

On compte à présent les voix aux sections.
La foule autour de l'urne hier était immense ,
Jamais je n'avais vu d'aussi grande affluence.

FERDINAND.

On a voté partout avec empressement
Et le succès sera disputé chaudement.

DUMARSAN.

Devant toi tu trouvas un puissant adversaire,
Un homme de talent, fort adroit, populaire.

FERDINAND.

Aussi je n'ose pas me flatter du succès.

DUMARSAN.

Représentes-tu point le parti du progrès ?

FERDINAND.

Certes.

DUMARSAN.

Il est bien fort.

FERDINAND.

Oui, mais, mon oncle, en somme,
Cela dépend surtout de la valeur de l'homme.

DUMARSAN, s'asseyant.

Bah ! bah ! assieds-toi là, mon timide neveu ;
Tête à tête, aujourd'hui, tous deux causons un peu.
Tu perdis tes parents aussitôt ta naissance
Et de toi je pris soin au sortir de l'enfance :
Comme chez moi je suis libre dans ta maison,
Je puis donc hasarder de te parler raison.

FERDINAND, assis.

Je conserve pour vous tant de reconnaissance
Que vous êtes certain de mon obéissance.

DUMARSAN.

De ta droiture j'ai toujours été content
Et de ta part mon cœur n'en demande pas tant
Avec tous, avec moi, fais preuve de franchise :
Que la Liberté soit ta constante devise ;
Son règne est à mes yeux le suprême idéal,
Je suis un vieux soldat du parti libéral.

FERDINAND.

Oui, vous êtes si bien son partisan fidèle,
Qu'en apôtre fervent et par excès de zèle.
Sans cesse me comblant des plus douces faveurs,
Formant mon jugement, redressant mes erreurs,
Tout plein d'affection, de tendresse discrète,
Vous avez laissé libre et mon cœur et ma tête ;
Puis il s'est rencontré que nous avions tous deux
L'amour des sentiments nobles et généreux.

DUMARSAN.

Ensemble nous avons résolu le problème :
Aussi comme mon fils, moi, Ferdinand, je t'aime.
Tu marches le front haut, ferme dans ton sentier,
Et je veux que tu sois mon unique héritier.

FERDINAND.

Non, je n'accepte pas cette offre généreuse :
Dans ma position ma vie est fort heureuse.
Grâce à vos tendres soins, à l'amour des procès,
Je me suis bien posé promptement au Palais ;
Les chances jusqu'ici n'ont pas été contraires
Et je vois tous les jours augmenter mes affaires.

DUMARSAN.

Cela ne suffit pas pour faire son chemin :
Tu peux dans ta carrière être arrêté demain.

FERDINAND.

Mon oncle...

DUMARSAN.

          Que cela te convienne ou t'afflige,
Moi je veux que tu sois mon héritier, te dis-je :
Sans réplique il faudra tantôt m'accompagner ;
Chez mon homme de loi, je n'ai plus qu'à signer.

FERDINAND.

Vous abusez un peu de la toute-puissance :
Cependant j'ai promis complète obéissance.

DUMARSAN.

Il est donc entendu, je compte sur ta foi,
Que tu demeureras bien d'accord avec moi,
Quel que soit le parage où le destin te porte :
Tu sais mon caractère, à toi je m'en rapporte.

FERDINAND.

De ma sincérité vous ne pouvez douter.

DUMARSAN.

On succombe souvent à force de lutter.
Songe à ces temps fameux illustrés par nos pères,
Au milieu des combats, des gloires, des colères :
Où malgré les fureurs s'échappant du tombeau.
Fort et victorieux sortit le droit nouveau.
Il conjure partout complots et perfidie.
Travaille, connais-le, vois toi-même, étudie.
Ses ennemis cachés, ses lâches détracteurs
Propagèrent longtemps des récits imposteurs :
C'est vous tous, les enfants de la France moderne,
C'est cette opinion dont l'esprit nous gouverne,
Qui doit, domptant des nains, à l'égal d'un géant,
Contraindre le passé de rentrer au néant.

FERDINAND, se levant.

Ah ! si vous fréquentiez toute notre jeunesse,
Vous verriez pour ces temps quel culte elle professe,
Les cœurs contre le mal disposés à s'unir
Et le souffle chrétien préparant l'avenir.
Nous ne comprenons pas que de fausses doctrines
Aient pu si loin dans l'homme étendre leurs racines,
Qu'au jour où devant tous paraît la vérité,
Son éclat merveillieux soit encor contesté.
Pendant quinze cents ans que notre espèce humaine
Fut, comme un vil bétail, attachée à la chaîne.
Ignorante de tout, du droit et du devoir,
Quel avantage obtint le suprême pouvoir ?
Il vit autour de lui la haine vengeresse
Se dresser, l'attaquer, le menacer sans cesse :

Et loin de commander dignement aux humains,
Du plus généreux sang il se couvrit les mains.
Grâce au ciel l'homme enfin a rompu sa lisière :
Sur l'univers entier rayonne la lumière :
Le souvenir vivant de tant d'exploits fameux,
A de nouveaux progrès poussera les neveux.

DUMARSAN.

Bien.

FERDINAND.

Et ces sentiments qui règnent dans les masses.
Sont en notre pays ceux de toutes les classes.

DUMARSAN, avec doute.

Heu ! heu !

FERDINAND.

La paix se fait.

DUMARSAN.

Pas autant que tu crois.

FERDINAND.

Vous les voyez unir les peuples et les rois.

DUMARSAN.

Des choses d'ici-bas j'ai trop l'expérience
Pour garder sur ce point autant de confiance :
A toute époque, il est des esprits obstinés
Qui ne consentent point d'être au vrai ramenés,
Contestent tout, le bien, le soleil, la victoire
Et trouvent que la nuit n'est jamais assez noire.
Puis, ne connais-tu pas notre fragilité ?

Se levant.

Ah çà ! mais supposons que tu sois député,
Il va falloir un peu, mon gaillard, je suppose,
A ce but parvenu, t'occuper d'autre chose.

FERDINAND.

Oui, j'ai certain secret même à vous confier.

DUMARSAN.

Tu devras t'établir, voir à te marier.

FERDINAND.

Oh! mon oncle, j'y songe.

DUMARSAN.

Alors j'ai ton affaire :
Un de mes vieux amis dont la fortune est claire
A sa fille...

FERDINAND.

Écoutez, depuis plus de six mois,
D'un céleste trésor mon cœur a fait le choix.

DUMARSAN.

Ah! ah!

FERDINAND.

J'ai rencontré la plus charmante femme
Qui jamais ait eu l'art de captiver une âme :
Et dans l'enchantement je vais sans savoir où,
Tour à tour accablé, puis ravi comme un fou.

DUMARSAN.

Que ne me contas-tu plus tôt cette fredaine ?

FERDINAND.

Est-ce qu'on s'appartient quand l'amour vous entraîne ?

DUMARSAN.

Le diable de garçon ! Et ton ardent amour
Par cette femme au moins est payé de retour ?

FERDINAND, hésitant.

C'est la fille...

DUMARSAN.

De qui ?

FERDINAND.

Du comte de la Roche.

DUMARSAN.

Un vieux nom, il me semble, et pur de tout reproche.

FERDINAND.

Si la raison pouvait conduire notre cœur,
Je n'aurais certes pas cherché cette faveur,
Quoique bien accueilli par toute la famille.
Et, j'ose croire, aimé de cette jeune fille.
Ah ! j'eusse préféré qu'elle fût de mon rang :
On ne descendit point d'un aussi noble sang.

DUMARSAN.

Et qu'importe après tout ? aujourd'hui tout se mêle.

FERDINAND.

On n'est pas plus affable et plus aimable qu'elle.

DUMARSAN.

Allons, très-bien, très-bien ! reçois mon compliment :
Je verserai ta dot quand viendra le moment.
As-tu chargé quelqu'un de faire ta demande ?

FERDINAND.

Pas encore.

DUMARSAN.

                    Sur tout il faut que l'on s'entende.

FERDINAND.

Du projet maintenant que je vous ai fait part,
Je vais aller trouver le comte sans retard :
Puis, après l'avoir vu, je courrai vous apprendre
Si lui-même consent à m'accepter pour gendre.

DUMARSAN.

Et moi, je veux avant d'attaquer ce débat,
De nos élections savoir le résultat.

ACTE DEUXIÈME

Le salon du comte de la Roche : peinture grise et ornements simples dans le goût Louis XVI : une table couverte d'un tapis ; des journaux, quelques livres : un piano dans le fond, à gauche : un canapé, des fauteuils de la même époque : une porte à gauche, et une dans le fond, à droite.

SCÈNE PREMIÈRE

CLOTILDE, LA BARONNE DE VERMONT, assise et travaillant à une tapisserie.

CLOTILDE.

Quoi ! vous ne savez pas la nouvelle. ma tante ?

LA BARONNE.

Non, du tout : que dit-on ?

CLOTILDE.

Oh ! je suis bien contente.

LA BARONNE.

Qu'est-ce donc ?

CLOTILDE.

Devinez.

LA BARONNE.

Les fonds ont-ils monté ?

CLOTILDE.

Monsieur de Senneville est nommé député.

LA BARONNE.

Tu te trompes, je crois, si tu t'en félicites.

CLOTILDE.

Pourquoi ?

LA BARONNE.

Nous recevrons moins souvent ses visites :
Cette occupation, les lois à discuter,
A ses nombreux travaux vont encor s'ajouter.

CLOTILDE.

Mais sa position, considérez, ma tante.
Par là va devenir beaucoup plus importante :
Et quoiqu'il appartienne au régime nouveau,
Avec tous ces messieurs il sera de niveau.
Il se décidera maintenant, je l'espère,
A demander ma main sans scrupule à mon père.

LA BARONNE.

Ne prétendais-tu pas me charger de ce soin ?

CLOTILDE.

Après cette victoire il n'en est plus besoin.

LA BARONNE.

Que les hommes sont tous d'étranges personnages
De n'apercevoir rien jamais dans leurs ménages !
Ton père tous les jours voit monsieur Ferdinand
Et ne trouve cela nullement surprenant.
Il le tourmente, il rit, le taquine, le pique,
Mais il a le cerveau si plein de politique
Que tout le temps se passe en critique, en discours,
Et qu'il ne sait pas même un mot de vos amours.

CLOTILDE.

Oh ! il ne voudra pas nous opposer d'obstacle.

7.

LA BARONNE.

Le ciel en ta faveur fera-t-il un miracle ?

CLOTILDE.

Ferdinand n'a-t-il pas, avec un grand succès,
Gagné devant la Cour pour mon père un procès ?

LA BARONNE.

Oui.

CLOTILDE.

Ne vous plaît-il pas ?

LA BARONNE.

Je ne dis pas, ma nièce :
Mais, moi, dans la maison je ne suis pas maîtresse.

CLOTILDE, avec incrédulité.

Oh !

LA BARONNE.

Mon frère commande.

CLOTILDE.

Alors sans le savoir,
Ici vous exercez un souverain pouvoir.

LA BARONNE.

J'en ai sur certains points. En fait de mariage,
Je décline céans l'honneur du patronage.
Ton père d'épouseurs est sans cesse assailli.

CLOTILDE.

Et qui donc voyez-vous ?

LA BARONNE.

Mais d'abord Ramilly.

CLOTILDE.

Me préserve le ciel de cet homme funeste !

LA BARONNE.

Au moins il est marquis.

CLOTILDE.

Oui, mais je le déteste.

LA BARONNE.

Ce n'est pas à mon sens un mortel accompli :
Qui n'a pas ses défauts !

CLOTILDE.

Cet homme en est rempli :
Tout son cœur est gonflé de rancune, de haine :
Contre le temps présent sans cesse il se déchaine,
Éprouve du plaisir à distiller son fiel,
Et n'aperçoit jamais que du noir dans le ciel.
Apprend-il quelque crime, une action bien noire,
Qu'il s'empresse aussitôt à conter cette histoire,
Exagère le fait, le change impudemment,
Contre son temps en tire un mauvais argument,
Prétend que des humains l'espèce dégénère,
Que la matière seule est le dieu qu'on révère,
Et...

SCÈNE II

LE MARQUIS DE RAMILLY, CLOTILDE, LA BARONNE DE VERMONT, UN DOMESTIQUE.

LE DOMESTIQUE, annonçant.

Monsieur le marquis de Ramilly.

LE MARQUIS, d'un air sans façon.

Bonjour.

Le domestique sort.

LA BARONNE.

Bonjour, marquis.

LE MARQUIS, en regardant Clotilde.

Parbleu ! je viens faire ma cour.

CLOTILDE, froidement.

A qui, monsieur ?

LE MARQUIS.

Hé ! mais, sans nul doute, à vous-même.

CLOTILDE.

A moi ?

LE MARQUIS.

Certainement.

CLOTILDE.

Vous raillez.

LE MARQUIS, effrontément.

Je vous aime.

LA BARONNE.

Voilà ce que j'appelle, avec précaution,
Faire très-galamment sa déclaration.

LE MARQUIS.

Ah ! par le temps qui court personne ne se gêne.

CLOTILDE.

Sur ce chapitre-là l'attaque était certaine.

LE MARQUIS.

Quel siècle !

LA BARONNE.

En vérité, savez-vous, cher marquis,
Que votre ton n'est pas toujours des plus exquis.

LE MARQUIS.

Je ne suis point, baronne, épris de mon époque :
J'agis à ma façon et de tout je me moque.
On a tout démoli, tout brisé, tout détruit ;
De ce qui fut semé nous recueillons le fruit.
La foi de nos aïeux disparut dans le crime
En ouvrant sous nos pas un effroyable abîme.
Croyez-vous donc que, moi, je prends au sérieux
Les splendides décrets de tous ces envieux ?
Nous autres, sommes-nous de cette indigne espèce
Qui bannit la grandeur, la torture ou l'abaisse ?
Non, non, non, cent fois non, et tant que je vivrai,

Contre tous ces abus je me révolterai :
J'aime mieux rendre hommage à l'immonde matière
Que de courber mon front sous une tourbe altière.

LA BARONNE.

La passion vous rend injuste, exagéré.

LE MARQUIS.

Tout ce qui nous offusque est par vous admiré :
Ah ! baronne, vrai dieu ! vous êtes optimiste.

LA BARONNE.

Cela vaut encor mieux que d'être pessimiste ;
Démocrite autrefois prenait tout en riant.

LE MARQUIS.

Adorez, vénérez un monde si brillant ;
Quant à moi, non content d'en faire la satire,
Je le veux attaquer, l'offenser, le maudire.

LA BARONNE.

Jamais en discutant de semblable façon,
Vous ne convertirez et vous n'aurez raison.

LE MARQUIS.

Puisqu'ils n'ont rien laissé de notre ancien régime,
Contre l'ordre nouveau toute arme est légitime.

LA BARONNE.

Que parlez-vous alors de faire votre cour ?
Un cœur si furieux ne connaît pas l'amour.

LE MARQUIS.

L'amour ! qu'est-ce à présent et quel nigaud y songe ?

CLOTILDE.

L'univers s'y soumet.

LE MARQUIS.

                L'amour... n'est qu'un mensonge.

CLOTILDE.

Alors n'en parlez pas sur un semblable ton.
Souffrez de l'ignorer sans profaner son nom :

L'aveugle avec effort entr'ouvre la paupière
Et ne se permet pas d'outrager la lumière.

LE MARQUIS.

Ah! l'insigne folie! illusion !

A la baronne.
Tudieu !
Comme avec passion elle défend ce dieu!

LA BARONNE.

De vos raisonnements à la fin on se lasse :
Que ne nous parlez-vous du beau temps, de la chasse ?

LE MARQUIS.

Je suis humilié qu'au mépris de nos droits,
Vous donniez l'avantage à d'orgueilleux bourgeois.
Sachez que l'on n'est pas dupe d'une grimace,
Que nous voyons fort bien ici ce qui se passe,
Et que c'est contre nous commettre un attentat
De vous amouracher d'un méchant avocat.

CLOTILDE.

Ne vous figurez pas qu'un tel discours me blesse :
Le cœur ne reçoit point les marques de noblesse ;
Un homme est bien plus grand par sa propre valeur
Que par un parchemin quelquefois imposteur.

LA BARONNE.

La noblesse a du bon, mais souvent elle jure.
A la voir grimacer sur certaine figure.

LE MARQUIS.

Bravo !

LA BARONNE.

Pauvre marquis !

LE MARQUIS.

Abomination !
De voir dans ces foyers la Révolution.

LA BARONNE.

Écoutez, Ramilly, vous êtes ridicule.

LE MARQUIS.

C'est soi-même, morbleu ! se donner la férule :
Les lâches, les niais...

LA BARONNE, se levant.

> Brisons là, voulez-vous ?
Nous connaisons trop bien votre éternel courroux.

LE MARQUIS.

Oh ! tout n'est pas fini.

SCÈNE III

FERDINAND DE SENNEVILLE, LE MARQUIS DE RAMILLY, CLOTILDE, LA BARONNE DE VERMONT, UN DOMESTIQUE.

LE DOMESTIQUE, annonçant.

> Monsieur de Senneville.

Le domestique sort.

LE MARQUIS, bas.

Qu'il ne s'avise pas de m'échauffer la bile.

LA BARONNE à Ferdinand.

Permettez-nous, monsieur, de vous féliciter
Sur le succès que vous venez de remporter

FERDINAND.

La chance m'a servi.

LA BARONNE.

> Vous êtes trop modeste.

CLOTILDE.

Dites votre talent.

FERDINAND.

> Non, non, je vous atteste

Qu'autour de moi j'avais d'honorables rivaux
Plus dignes d'affronter d'aussi graves travaux.
Tu vas bien, Ramilly ?

LE MARQUIS.

Pas mal.

Bas.

Il me tutoie!

LA BARONNE.

Ah ! votre oncle surtout doit être dans la joie.

FERDINAND.

La même affection nous attache tous deux
Et le bonheur de l'un rend aussi l'autre heureux.

LE MARQUIS.

Inventa-t-on jamais un plus honteux scandale
Que ce hasard nommé la lutte électorale,
Qui pourrait tout au plus amuser des enfants
Et dont, vous, vous sortez ravis et triomphants ?
Lorsque j'entends des gens vanter cette sottise,
Je saute et je ne puis contenir ma surprise :
Loin de vous bousculer sur ce maudit jouet,
Prenez donc une verge et donnez-vous le fouet.

FERDINAND.

Tu n'as pas...

LE MARQUIS.

Vous m'avez tutoyé, ce me semble :
Sachez que nous n'avons rien de commun ensemble ;
Je romps cette habitude à partir d'à présent
Et pense qu'un avis vous sera suffisant.

FERDINAND.

Oui, monsieur, il suffit, et quoique camarades,
Nul ne subit deux fois de telles rebuffades.
Quand je vous vis avec certaine dame hier,
Vous parûtes surpris et n'étiez pas si fier.

LA BARONNE à Ferdinand.

Excusez le marquis, il est d'humeur bizarre.

CLOTILDE à Ferdinand.

Monsieur est un marquis et d'une espèce rare :
Ne vous étonnez pas qu'il soit peu tolérant :
Il descend d'Alexandre ou de César le grand.

LE MARQUIS.

Oh ! trève, s'il vous plaît, à ces impertinences !

LA BARONNE.

Hé ! nous forcerez-vous d'endurer vos offenses !

LE MARQUIS.

Monsieur soutiendra bien lui tout seul le combat :
Savez-vous pas qu'il est un illustre avocat ?

CLOTILDE.

Sans doute.

LE MARQUIS à la baronne.

                Je voulais rencontrer votre frère,
Le comte : nous avons à causer d'une affaire.
Dites-lui de venir, il saura bien pourquoi
Et sans faute tantôt je l'attendrai chez moi.

SCÈNE IV

FERDINAND DE SENNEVILLE, CLOTILDE, LA BARONNE DE VERMONT.

FERDINAND.

Ce pauvre Ramilly, quel exalté rebelle !
Les événements ont dérangé sa cervelle :
Autrefois il était d'un naturel charmant.

LA BARONNE.

Depuis ce temps il a changé terriblement.

CLOTILDE

Il est d'un caractère aussi sombre que brusque ;
La gloire, le bonheur tout le choque et l'offusque :
Il ne sait rien de beau, de grand ni de sensé
Que dans le moyen âge et dans le temps passé.
Devant les préjugés son esprit se prosterne
Et rêve incessamment un monde subalterne :
Tout est bas hormis lui dans la société ;
Il se rit de nos lois et de l'égalité,
Critique les grands noms, les blâme, les décrie
S'ils ne consentent point à cette bouderie,
Et voyant peu de gens écouter ses avis,
S'en venge en souhaitant le mal à son pays.

FERDINAND.

Puisse venir un jour où la haine s'apaise,
Où le calme rentrant dans toute âme française,
Les fils du même sein entre eux seront unis,
Tous les vallons comblés et les monts aplanis.

LA BARONNE.

Vous qui l'avez suivi depuis l'adolescence,
Voyons, éclairez-moi, parlez sans réticence :
Chaque juge n'est pas toujours impartial :
Parfois injustement des gens on dit du mal.
Oh ! l'on m'a raconté des choses incroyables :
Doit-on les démentir ? sont-elles véritables ?

FERDINAND.

Madame, en vérité vous m'embarrassez fort ;
Je voudrais dire vrai sans lui faire du tort.

LA BARONNE.

Avec certaines gens quand un homme se lie,
Assurément il est en proie à la folie.

FERDINAND.

Je ne prévoyais pas ce colloque avec lui
Lorsqu'ici je venais réclamer votre appui.

Madame, et le voyant chez vous mon adversaire.
Votre protection me devient nécessaire.

LA BARONNE.

Vous allez voir le comte, il est maître céans.

CLOTILDE.

Oh ! sur lui vos conseils ne sont pas impuissants,
Ma tante ? montrez-nous toute votre tendresse.

LA BARONNE.

Hé quoi ! douteriez-vous qu'à vous je m'intéresse ?
Rassurez-vous.

SCENE V

LE COMTE DE LA ROCHE, FERDINAND DE SENNE-VILLE, CLOTILDE, LA BARONNE DE VERMONT.

LE COMTE.

Ah ! ah ! voilà le grand vainqueur,
Celui qui de la foule a reçu la faveur.
On proclame partout, monsieur, votre victoire ;
Vous avez soutenu cette lutte avec gloire :
Chacun fait votre éloge après le résultat
Et nous allons bientôt vous voir homme d'État.

FERDINAND.

Vous exagérez trop mon modeste mérite.

LE COMTE.

Vous avez réussi, je vous en félicite.

FERDINAND.

Je conviens que pour moi ce vote est un honneur,
Mais je souhaite encore un plus rare bonheur ;
Il est entre vos mains, et, seule, votre bouche
Peut prononcer l'arrêt sur l'objet qui me touche.

LE COMTE.

Je ne vous comprends pas.

FERDINAND.

                    Chez vous j'ai rencontré
Un ange gracieux digne d'être adoré,
Votre fille.

LE COMTE, stupéfait.

        Parbleu ! cette plaisanterie
Met le comble ici-bas à la forfanterie :
Quoique de tout respect on ait rompu les freins,
Vous dépassez encor tous vos contemporains.

FERDINAND.

Comment ? vous si loyal, si bienveillant...

CLOTILDE.

                            Mon père,
Veuillez être envers nous moins dur et moins sévère :
Ne dites pas toujours de ces mots irritants ;
Oubliez le passé, soyez de votre temps.

LE COMTE.

Ma fille, taisez-vous. Quelle est donc cette intrigue ?
Quoi ! mon sang se révolte et contre moi se ligue.

LA BARONNE.

Songez...

LE COMTE, s'emportant.

        Je ne veux pas vous entendre, ma sœur :
Prétendriez-vous point être leur défenseur,
Et, foulant sous vos pieds les lois de nos ancêtres,
Courber le front devant l'orgueil des nouveaux maîtres ?
C'est à nous de garder la foi du souvenir
Et d'arrêter quiconque oserait la ternir :
S'il est des liens chers que l'humanité brise,
Par faiblesse, sur nous ne donnons pas de prise ;

Il suffit d'être en butte à mille et mille coups :
N'allons point lâchement nous trahir entre nous.

LA BARONNE.

Si vous m'aviez permis de m'expliquer, mon frère,
Vous eussiez étouffé cette grande colère,
Et vous auriez compris qu'avant de condamner,
Il se faut avec soin soi-même examiner.

LE COMTE.

Qu'entendez-vous par là ? voyons, que signifie ?...

LA BARONNE.

Ayez donc plus de calme et de philosophie.
Puisque de votre nom vous êtes si jaloux,
Surveillez un peu mieux ce qui se fait chez vous :
Ils ont agi tous deux avec pleine franchise
En laissant naître un feu qui tant vous scandalise,
Et vous-même parfois, tout prêt à l'aviver,
Vous paraissiez fort loin de le désapprouver.

LE COMTE.

Me serais-je douté que Clotilde, ma fille,
Soutiendrait aussi mal l'honneur de ma famille ?

FERDINAND.

Vous faites résonner ce mot fameux bien haut,
Comme si nul de nous ne savait ce qu'il vaut :
Vous figurez-vous donc que votre noble classe
Surpasse les humains et soit d'une autre race ?
Quiconque pour le bien sentit battre son cœur
Possède autant que vous le sentiment d'honneur,
Et de ces vérités l'éclatante lumière
Fera rentrer partout l'erreur dans la poussière.

COMTE LE.

Que sert-il d'invoquer ces banals arguments
Qui de tous nos malheurs furent les instruments ?
Je ne descendrai pas à donner d'autre excuse :

Montrant Clotilde.

Vous demandez sa main, et je vous la refuse.

CLOTILDE.

Vous qui depuis l'instant où j'ai reçu le jour,
M'avez jusques ici prodigué tant d'amour,
Non, vous ne voudrez pas, au nom d'un droit antique,
Invoquer contre nous le pouvoir despotique :
Vous vous rappellerez votre transport joyeux
Quand vous fûtes sauvé d'un procès dangereux :
Vous conveniez alors qu'une telle éloquence
Avait droit dans votre âme à la reconnaissance :
Vous sembliez avoir banni ces sentiments
Qui sont comme un obstacle à vos bons mouvements.

LE COMTE.

Avez-vous dit? Faut-il qu'un temps soit détestable
Pour qu'on tienne à son père un langage semblable,
Qu'on pousse jusque-là son indocilité,
Et qu'on s'efforce ainsi contre ma volonté !
Que nous sommes petits et comme, chez nos pères,
On écoutait bien mieux les conseils salutaires !
Aucun enfant alors insistait-il jamais
Quand il voyait le chef condamner ses projets?

LA BARONNE.

Ah ! ne nous parlez pas des temps d'intolérance
Où sans remonter loin on trouve la Régence.
Avant, après toujours, en dépit de vos preux,
Ces temps, quoi que l'on dise, étaient des temps affreux,
Et si...

LE COMTE.

Point de leçons d'histoire, je vous prie :
Je ne supporte point votre pédanterie.
Allez, allez, vous dis-je, et laissez-moi régler
Ce dont vous n'avez pas du tout à vous mêler.

SCÈNE VI

LE COMTE DE LA ROCHE, FERDINAND DE SENNEVILLE, CLOTILDE.

FERDINAND.

Puisque vous tenez tant à la grandeur sonore,
Vous conviendrez d'un mal que personne n'ignore :
Parmi tous vos grands noms combien en voyez-vous
Qui ne soient animés de haine et de courroux ?
Il en est, je le sais : mais un assez grand nombre
Mènent une existence ou simulée ou sombre :
Et tel, pour avoir eu ce fol entêtement,
S'inflige en sa retraite un rude châtiment.

CLOTILDE.

Quoique j'admire en vous un respectable zèle,
Vous mariez un peu votre fille pour elle,
Mon père, et je préfère un homme comme il faut
Au grand nom abritant quelque triste défaut.

LE COMTE.

Fille dénaturée, en proie à ton délire,
Tu te bouches les yeux et ne sais pas le pire :
Une origine obscure est un innocent mal.
Mais comprends bien ceci, monsieur est libéral.

CLOTILDE, regardant Ferdinand.

Ah ! il est vrai.

LE COMTE.

Sais-tu ce que ce mot implique ?

CLOTILDE.

Hélas ! vous ne pensez qu'à votre politique.

LE COMTE.

Libéral ! libéral ! abominable horreur !

CLOTILDE.

Je n'attache à ce mot aucune défaveur.

LE COMTE.

A combien de nigauds il a tourné la tête !
Comprends-tu ? libéral : est-il rien de plus bête ?
Depuis que, parmi nous, on l'a pris pour levier,
Ils ont détruit par lui l'édifice en entier.
Libéral ! ah ! vraiment, cela doit te suffire.
Que tout bas on le soit sans qu'on ose le dire,
Passe encor, mais monsieur, tout fier de ce grand mot,
L'est orgueilleusement, il en convient tout haut.

CLOTILDE.

Certes, vous l'accusez d'un effroyable crime ;
Je conçois maintenant l'ardeur qui vous anime.
C'est de votre parti cette funeste erreur
Qui depuis près d'un siècle a causé son malheur!
Avec une tendance un peu plus libérale,
Vous l'eussiez vu plus fort devant toute cabale :
Il n'aurait point barré la route à tout progrès
Et vous n'en seriez point réduit à vos regrets.

LE COMTE.

Oh! ce n'est pas assez de faire ma critique,
Quoi ! malheureuse enfant, tu parles politique :
Va-t'en sans répliquer, va, fuis loin de mes yeux,
Je ne réponds de rien tant je suis furieux.

CLOTILDE, se jetant au pied du comte.

Par tous ceux que l'on aime, au nom de la nature,
Non. encore une fois, oh! je vous en conjure,
Ne nous séparez pas.

LE COMTE.

         Je n'entends rien, va-t'en,
Fille qui méconnais la splendeur de ton rang.

SCÈNE VII

LE COMTE DE LA ROCHE, FERDINAND, DE SENNEVILLE.

LE COMTE.

Tout à votre aise, ainsi vous venez me surprendre
Et ne prétendez rien qu'à devenir mon gendre.
L'audace est aujourd'hui trop grande en vérité :
On ne cita jamais pareille énormité.

FERDINAND.

Notre histoire, monsieur, est loin d'être nouvelle
Et je ne comprends pas une algarade telle.
Je suis né comme vous d'honorables parents
Que j'ose comparer aux plus illustres gens :
J'ai cru que plus à fond vous deviez me connaître
Et n'être point réduit à ce rôle de traître.
Oui, j'aime votre fille, et d'un amour profond,
Auquel, vous le voyez, elle-même répond :
Nous voici maintenant tous deux en tête-à-tête :
Au père, à votre cœur j'adresse ma requête :
Vous pouvez d'un seul mot arrêter ces débats,
Donnez-moi quelque espoir.

LE COMTE.

                    Non, je ne le veux pas.

FERDINAND.

Dans un siècle éclairé, quel singulier contraste.
De s'opiniâtrer à former une caste.
De contrecarrer tout, même ces sages lois.
Auxquelles prudemment recourent les bons rois.
Mais Henri quatre était de nature moins fière :
Ce monarque n'eût point croupi dans une ornière.
Sous des règnes brillants, dans le temps féodal,
Bien d'autres avant lui quittaient leur piédestal.

8

Vous, messieurs, partisans de l'ancien despotisme,
Vous poussez votre erreur jusques au fanatisme.

LE COMTE.

Hé ! ne vous en prenez qu'à vos affreux excès.

FERDINAND.

Je ne conteste point leurs funestes effets :
Je défends seulement la belle et juste cause
Sur laquelle partout le droit humain repose.

LE COMTE.

Je rends toute justice à votre esprit loyal :
Vous n'avez qu'un travers, vous êtes libéral.

FERDINAND.

Je le serais, eussé-je un blason sur mon titre !

LE COMTE.

N'attaquons point ici plus avant ce chapitre ;
Je déteste surtout les scènes et les cris.
Par ma fille et ma sœur ne soyons point surpris :
Chez le marquis je dois tout à l'heure me rendre,
Et, plus tranquille là, je pourrai vous entendre.
Cela vous convient-il ?

FERDINAND.

Quel est votre dessein ?

LE COMTE.

Nous causerons, venez.

FERDINAND.

Je suis fort incertain.

Après un moment d'hésitation.

Allons, à ce désir je veux bien me soumettre :
Au moins me laissez-vous un peu d'espoir.

LE COMTE.

Peut-être.

ACTE TROISIÈME

Le salon du marquis de Ramilly, dans le goût moderne. — Des dorures, des étagères, de riches porcelaines. — Une table élégante avec un encrier et du papier. — Fauteuils, sophas, une porte au fond.

SCÈNE PREMIÈRE

LE MARQUIS DE RAMILLY, ALBERTINE, assise.

LE MARQUIS.

Puisque votre mari loin de la France est mort,
Vous pouvez librement assurer votre sort.

ALBERTINE.

Je partirai.

LE MARQUIS.

    Pourquoi ?

ALBERTINE.

        L'existence est affreuse
Quand on ne trouve pas une âme généreuse.

LE MARQUIS.

Et lui, cet intrigant, ce mauvais député,
Pousse à ce point l'audace et la fatuité :
Se présumant grandi, dans ses vœux téméraires,
Il ne va pas à moins qu'à chasser sur nos terres.

ALBERTINE.

Il aime.

LE MARQUIS.

Suivez donc mon conseil.

ALBERTINE.

Non, jamais.

LE MARQUIS.

Ah ! je ne serai pas ingrat, je vous promets.
Essayez : un effort.

ALBERTINE.

Non, je ne suis pas femme
A perdre un innocent par un mensonge infâme.

LE MARQUIS.

Cela vous est aisé, le comte va venir :
Prenez l'occasion, songez à l'avenir.
Donnez quelque prétexte à son humeur jalouse :
S'il ne croit rien, peut-être alors je vous épouse.

ALBERTINE.

Vous ?

LE MARQUIS.

Oui, moi.

ALBERTINE.

Mon malheur, dût-il s'éterniser,
J'accepte tout plutôt que de vous épouser.

LE MARQUIS.

Bah ! bah !

ALBERTINE.

Cherchez, marquis, au fond de vos coulisses;
A d'autres désormais infligez vos supplices.

LE MARQUIS.

Je ne méconnais pas que, vous, vous valez mieux :
Songez que je vous offre un parti sérieux ;

Près du comte à l'instant rendez-moi ce service
Et vous en tirerez le juste bénéfice.
N'est-ce pas scandaleux ? voir un homme de rien
S'attaquer sans vergogne à notre propre bien,
Au sein de la noblesse exercer ses conquêtes.

ALBERTINE.

N'ayez pas tant d'orgueil, sachez ce que vous êtes.

LE MARQUIS.

Oh ! mon père était duc, je sais ce que je suis.

ALBERTINE, se levant.

Sous le titre apparent et pompeux de marquis,
Malgré le faux-semblant de vos grandeurs factices,
Vous ne parvenez pas à déguiser vos vices :
Le lâche abattement de votre orgueil étroit
Suscite votre honte et sans cesse l'accroît.
Exaspéré de voir l'espèce humaine entière
Élevée au niveau de votre race altière,
Loin de vouloir briller par l'honneur, le talent,
Pour tout vous affectez un mépris insolent :
Vous vivez dans l'ennui, vous demeurez dans l'ombre
Et ne connaissez plus que la rancune sombre.
C'est dans le centre impur des plus tristes séjours
Que vous allez chercher la joie et vos amours :
Oui, vous, le grand seigneur, voilà quelles déesses
Vous osez adorer en vos folles ivresses.

LE MARQUIS.

La haine vous égare et votre emportement
Avec moi ne conserve aucun ménagement.

ALBERTINE.

Vous qui dédaignez tant les petites bourgeoises,
Vous ne rougissez point de ces ardeurs grivoises,
Et bafouant ceux qui méritent le respect,
Vous préférez descendre au sein d'un monde abject.

8.

LE MARQUIS.

Assez ! interrompez votre réquisitoire.

ALBERTINE.

Oh ! vous aurez beau faire, on connaît votre histoire.

LE MARQUIS.

Au projet que j'ai dit voulez-vous consentir ?

ALBERTINE.

Non.

LE MARQUIS.

Quel entêtement !

ALBERTINE.

Je ne sais pas mentir.
Je vous quitte, je romps une funeste chaîne
Et vais suivre la route où le destin m'entraîne.
Ah ! depuis trop longtemps, avec tous vos amis,
Combattant vos erreurs vainement je gémis :
Je suis lasse d'un sort dont il faut qu'on rougisse.
Et je n'accepte plus ce rôle de complice.

LE MARQUIS.

Hé quoi ! songeriez-vous vraiment à me quitter ?
Vous iriez dans le monde au hasard vous jeter,
        Oui, j'y suis résolue

ALBERTINE.

Affronter la souffrance !
Et toute objection de vous est superflue.
Adieu.

LE MARQUIS.

    Non, vous raillez et ne me quittez pas.
Ou, dans mon désespoir, je m'attache à vos pas.
Pensez donc que vous seule avez ma confiance,
Que je ne pourrai pas supporter votre absence.

Albertine, voyons, pardonnez-moi mes torts :
Voulez-vous un hôtel, des chevaux, des trésors ?
Parlez.

ALBERTINE.

Assez longtemps je fus votre victime
Et veux redevenir digne que l'on m'estime.
Adieu.

LE MARQUIS, cherchant à la retenir.

Non, Albertine.

SCÈNE II

LE MARQUIS, seul.

Ah ! je l'ai mérité,
Par mon aveuglement et ma frivolité ;
Oui, ce soudain départ, cette étrange conduite,
La relève à mes yeux et la réhabilite.
Et moi, n'être plus rien dans ce monde nouveau,
Abaissé sous la loi de leur fatal niveau !
Pendant quinze cents ans, sans souci, sans contrôle,
Nos pères ont jadis brillé dans leur grand rôle ;
Et nous, les descendants, les arrière-neveux,
Nous en sommes réduits à cet état honteux !

SCÈNE III

LE COMTE DE LA ROCHE, LE MARQUIS DE
RAMILLY.

LE MARQUIS.

Je vous attendais, comte, avec impatience ;
Il faut que vous ayez bien peu de prévoyance ;
Pourquoi permettez-vous qu'un drôle, un roturier,
S'avise de vouloir chez vous se marier,

Derrière vos talons caresse votre fille,
Et soit en potentat reçu dans la famille?

LE COMTE.

Vous moquez-vous ?

LE MARQUIS.

      Non, non ; ne soyons point surpris
Lorsque nous subissons leur morgue et leur mépris ;
Si de ce monde un jour disparait la noblesse,
Ce sera par sa faute et sa propre faiblesse.

LE COMTE.

Ah çà, quelle fureur tout à coup vous prend-il ?
Vous exagérez trop un prétendu péril.

LE MARQUIS.

Mais, père confiant, vous tombez dans un piége ;
Vous êtes malgré vous dupe de leur manége.

LE COMTE, s'asseyant.

Écoutez-moi, marquis, je sais ce que je fais,
Et plus grossièrement ne vous trompez jamais ;
Ne me condamnez pas sur la seule apparence,
Mon cœur aussi se gonfle et je tiens ma vengeance.

LE MARQUIS.

Comment ?

LE COMTE.

     Hé ! pensez-vous que je sois assez sot
Pour souffrir qu'on me joue et me rendre aussitôt ?

LE MARQUIS.

Non pas.

LE COMTE.

     Vous savez bien quelles sont mes doctrines ;
Il lui faudra passer sous mes Fourches Caudines.

LE MARQUIS.

Ah! puisque par leurs mains tout est anéanti,
Vous, comte, montrez-vous le vengeur du parti ;

Tout accord avec eux est un pacte inutile ;
Sous vos pieds, hardiment écrasez le reptile ;
Prouvez à ces niais, qui se disent égaux,
Que malgré les forfaits leurs principes sont faux :
Qu'il est au-dessus d'eux une suprême race
Dont rien ne fut jamais commun avec leur crasse,
Et qui, sous le fardeau de leurs stupides lois,
Peut encor se vanter de les mater parfois.
Déjouez leurs calculs, tous leurs vains artifices ;
Rendons à notre tour supplices pour supplices ;
De l'âme de cet homme arrachez tout espoir
Et qu'il connaisse aussi l'horreur du désespoir.

LE COMTE.

Ne doutez donc de rien et soyez bien tranquille,
Avec moi, s'il s'en tire, il sera fort habile ;
Ce garçon est perdu, je le tiens dans mes rets
Et de notre infortune il paira tous les frais.
Je l'attends : mais tâchez contre cet adversaire
De modérer un peu l'élan de la colère.

LE MARQUIS.

Moi, je l'accablerai du dédain le plus froid.

LE COMTE.

Cela vaut mieux, gardons toujours notre bon droit.

LE MARQUIS.

Pourquoi, comte, voulant marier votre fille,
Ne point vous adresser à quelque nom qui brille ?
Il serait surprenant que l'on me refusât ;
Pour vous est-ce trop peu qu'un simple marquisat ?

LE COMTE.

Je ne dis pas cela.

LE MARQUIS.

      Vous laissez des fillettes
A votre barbe avoir de folles amourettes ;

Corbleu! simples parents, vous êtes de grands fous ;
Quand vous vous absentez mettez donc les verrous.

LE COMTE.

Vous n'y connaissez rien, mon cher, ne vous déplaise ;
Vous arrangez cela de loin fort à votre aise,
Et je souhaiterais vous y voir.

LE MARQUIS.

                    Le démon
Souffle un feu que jamais n'éteindra nul sermon.
J'admire le sang-froid de vos paisibles âmes :
Est-ce que vous croyez à la vertu des femmes ?
Si d'elles vous voulez tirer votre profit,
Liez, garrottez-moi leur corps et leur esprit.

SCÈNE IV

FERDINAND DE SENNEVILLE, LE COMTE DE LA ROCHE, LE MARQUIS DE RAMILLY.

FERDINAND, au comte, montrant le marquis.

Quoique tantôt monsieur m'ait fait mauvais visage,
Je viens au rendez-vous sans haine, sans ombrage ;
On ne rompt pas d'un coup entre amis des liens
Qui m'étaient précieux et sont fort anciens.

LE COMTE, s'asseyant.

A qui le dites-vous? il est un peu fantasque :
Moi, je tourne le dos lorsque vient la bourrasque.

LE MARQUIS.

Ah! je vous trouve bon, monsieur le député,
Et j'admire très-fort votre naïveté.
Croyez-vous que ce soit un titre qui protége
De s'être ensemble assis sur les bancs du collége.
Courbés sous le niveau de cette égalité
Qui plaît si vivement à votre vanité?

FERDINAND.

Ce qui prouve le mieux son extrême mérite,
C'est que vous l'attaquez et qu'elle vous irrite.
Estimez-vous heureux que durant si longtemps
Vos aïeux aient joui de droits exorbitans
Et que celui qui donne ici-bas la puissance
N'ait point réglé plus tôt les poids de la balance.

LE MARQUIS.

C'est un vol qu'on nous fit.

FERDINAND.

        C'est un vol, dites-vous :
Pourquoi tous vos grands noms étaient-ils avec nous ?

LE MARQUIS.

Parce qu'ils partageaient l'erreur philosophique ;
Sous cette pression d'une affreuse panique,
Envers leurs ascendants ils furent des ingrats.
Ont fléchi le genou, se sont lié les bras,
Et, sur leurs fronts voyant fondre l'immense orage,
Sont tombés les premiers perdus dans le naufrage.
Quelques-uns résistant aux projets subversifs,
Ont bravement sombré sur les premiers récifs ;
Puis d'autres abusés, quoique d'un cœur honnête.
Se sont imaginé conjurer la tempête ;
Ceux-là, de l'avenir ignorant les secrets,
Aux fils dépossédés ont transmis leurs regrets.

FERDINAND.

Quand avec confiance un peuple se relève.
Ah ! messieurs. contre lui ne tirez pas le glaive.
Bénissez le grand jour où revient la clarté,
Ne vous annulez pas par votre hostilité :
Lorsque l'intelligence appelle la concorde.
Ne vous obstinez point à rêver la discorde :
Ayez un sentiment plus doux, plus fraternel :
N'envisagez pas seul l'intérêt personnel.

Et devant les splendeurs de magiques spectacles,
Ne vous efforcez pas de créer des obstacles.

LE MARQUIS.

Vous nous prononcez là des discours de palais.

FERDINAND.

Je tâche à ramener votre esprit à la paix.
Le système exclusif d'une humeur si chagrine,
Des plus précieux biens entraîne la ruine :
Revenez, Ramilly, d'une erreur que l'on plaint.

LE MARQUIS.

En ce monde chacun n'adore que son saint :
Pour maître vous avez proclamé l'égoïsme,
Subissez sans gémir son triste despotisme.
Vous voudriez nous voir sous votre fier regard,
Enchaînés, suppliants, derrière votre char :
Non, tant qu'il nous faudra végéter sur la terre,
Nous aurons du plaisir à vous faire la guerre.

FERDINAND.

Ainsi par cet excès d'implacable fureur,
Vous tenez à sentir toujours votre douleur :
Votre âme contre tout est tellement aigrie
Que vous sacrifiez jusqu'à votre patrie :
Vous n'admirez partout que les intolérants,
Vous ne vous souciez d'amis ni de parents,
Et, loin de reconnaître un principe sublime,
Vaincu, vous préférez tomber dans un abîme.

LE MARQUIS, furieux.

Ah ! parbleu ! c'en est trop : ce langage insolent
Doit être interrompu par un combat sanglant :
Venez, marchez !

LE COMTE, se levant, et cherchant à apaiser le marquis.

Allons !

FERDINAND.

Je suis prêt.

LE MARQUIS.

Peu m'importe,

Ou la vie ou la mort.

LE COMTE, de même.

Est-ce ainsi qu'on s'emporte ?

Plus de sang-froid.

FERDINAND.

Non, non, marchons et de tout cœur.

LE MARQUIS.

C'est l'unique moyen de laver mon honneur.

LE COMTE.

Vous êtes, cher marquis, une mauvaise tête.

FERDINAND, écartant le comte.

Laissez-nous promptement...

LE COMTE.

Du tout, je vous arrête.

Au marquis.

Allez vous promener.

LE MARQUIS.

Y pensez-vous, morbleu !

De mes opinions monsieur se fait un jeu,
Il m'insulte...

LE COMTE, poussant le marquis dehors.

Allez donc ! au combat je m'oppose
Et je me charge, moi, de défendre la cause.

SCÈNE V

FERDINAND DE SENNEVILLE, LE COMTE DE LA ROCHE.

LE COMTE, se rasseyant.

Conçoit-on cette scène et que les jeunes gens
Ne puissent discuter sans mots désobligeants?

Reprenez avec moi le calme, je vous prie,
Et causons. Tout cela n'est que forfanterie.
Si j'ai bien entendu tantôt votre projet,
De votre affection ma fille était l'objet.
Eh bien ! oui, j'y consens, et, sans plus long exorde,
Je cède à vos désirs, c'est dit, je vous l'accorde.

FERDINAND.

Ah ! comte, vous mettez le comble à tous mes vœux.

LE COMTE.

Vous, de votre côté, sachez ce que je veux.
Avant que sur l'autel le prêtre vous unisse,
Il faut au moins me faire un léger sacrifice.

FERDINAND.

Expliquez-vous.

LE COMTE.

         J'exige une condition :
C'est que vous donnerez votre démission.

FERDINAND.

De député ?

LE COMTE.

    Mais oui.

FERDINAND.

      Monsieur, c'est impossible.

LE COMTE.

Vous-même à mes désirs soyez plus accessible.

FERDINAND.

Demandez-moi mon sang, demandez-moi mon cœur,
Je les donne tous deux avec la même ardeur :
Je ne puis vous tenir un plus ferme langage,
Mais toute autre exigence est un enfantillage.

LE COMTE.

Oh ! c'est très-sérieux.

FERDINAND.

Non, non.

LE COMTE.

Réfléchissez.

FERDINAND.

Tous mes projets ainsi d'un seul coup renversés,
Vous ne le voulez pas. Songez, monsieur le comte,
Qu'une démission si bizarre, si prompte,
Paraîtrait fort suspecte à mes propres amis,
Et me desservirait près de mes ennemis.
Quelle explication serait satisfaisante ?
Il est des intérêts que mon nom représente,
Des principes qu'il faut défendre avec vigueur,
Si je ne veux jouer le rôle d'imposteur.

LE COMTE, se levant.

Eh bien, d'accord : à rien, moi, je ne vous oblige :
Vis-à-vis du public gardez votre prestige,
Remplissez jusqu'au bout un devoir, un mandat,
Et ne prolongeons pas plus longtemps ce débat.

FERDINAND.

En vérité, monsieur, ce n'est pas raisonnable :
Cette bizarrerie est-elle concevable,
Et votre fille, enfin, sur cette question,
A-t-elle formulé la moindre objection ?

LE COMTE.

Oh ! ma fille n'a rien à voir en cette affaire,
Et mon assentiment vous est seul nécessaire.

FERDINAND.

Vous voulez avant tout, assurer son bonheur :
Il faut que son mari soit un homme d'honneur.

LE COMTE.

Si vous tenez vraiment à devenir mon gendre,
Prêtez attention et veuillez me comprendre.

J'admire peu l'esprit des plus doctes rêveurs :
Vous devez renoncer à toutes vos erreurs,
Rentrer dans le giron de la vieille croyance,
De votre prompt retour me donner l'assurance.
Vous convertir enfin et rompre à tout jamais,
Avec les partisans des modernes forfaits.

FERDINAND.

La proposition est folle et dérisoire :
Quoi ? vous me conseillez une trahison noire,
Vous l'osez hautement, et vous auriez plaisir
A voir sous un affront votre gendre rougir.
Non, non, je vous connais, vous avez l'âme grande
Et ne contestez pas quand le devoir commande.
Qui veut être estimé, n'importe en quel parti,
A nul de ses serments ne doit avoir menti,
Et j'aime cent fois mieux un loyal adversaire
Que le lâche apostat qui s'abaisse pour plaire.

LE COMTE.

Vous le savez, chacun raisonne à sa façon .
Que parlez-vous d'affront, de noire trahison ?
Éclairez-vous, quittez une funeste voie,
Et j'accepte à l'instant vos projets avec joie.
La honte est d'admirer les sophistes fameux
Qui, ne redoutant point des hasards périlleux,
Et sous l'impulsion de la rage en délire,
Sur l'abîme des flots ont perdu le navire !
La honte est de fermer les yeux à la clarté,
En appelant le jour la sombre obscurité :
De rester aveuglé par un mensonge impie,
Et de se prosterner devant une utopie.
Je ne demande point la mort d'aucun pécheur :
Mais dans le repentir montrez quelque ferveur.
A vos ardents souhaits je me montre propice.
De mille préjugés je fais le sacrifice,
Je dépouille pour vous toute rigidité,
Prouvez à votre tour la bonne volonté.

FERDINAND.

Ah! vous me torturez et faut-il que mon âme,
Au gré de vos désirs mente et devienne infâme ?
Vous ne concevez point des gens assez parfaits
Pour discuter ensemble et conserver la paix.
Ne vous suffit-il pas d'être certain, en somme,
Que j'aime votre fille et suis un honnête homme ;
Que je vous appartiens, à la vie, à la mort,
Et réponds devant Dieu du bonheur de son sort ?

LE COMTE.

Hé ! poussez-vous si loin la feinte ou l'innocence,
Que vous ne voyez pas entre nous de distance ?
Quand je mets avec vous tout orgueil de côté,
Vous ne comprenez pas ma générosité.
Je descends de mon rang, je romps avec l'usage,
Et vous vous refusez à donner aucun gage :
Ah ! si nous échouons à nous mettre d'accord,
Convenez que du moins j'ai tenté tout effort.

FERDINAND, bas.

Angoisse de mon cœur, incertitude extrême !
O Clotilde, voyez, faut-il que je vous aime !

Haut.

Vous me faites souffrir un horrible tourment.
Jamais je ne saurai mentir impudemment :
Ma transformation ne peut être subite :
Voulez-vous que je sois un lâche, un hypocrite?

LE COMTE.

Je veux un changement et complet et certain :
Décidez-vous.

FERDINAND, hésitant.

Tenez! attendons à demain :
Me condamnerez-vous à m'engager si vite ?
Quand faut-il vous donner la réponse ?

LE COMTE.

De suite.

Avant tout, pour prouver votre soumission,

> Montrant l'encrier sur la table.

Ici vous écrirez votre démission,
Qui de l'adhésion est l'importante pièce :
Ce papier désormais prouve votre promesse :
Asseyez-vous, prenez la plume que voilà,
Et dans un style clair rédigez-nous cela.

> Pendant que Ferdinand écrit.

De tous nos parlements vous connaissez l'histoire :
De grands discours, du bruit, un mérite illusoire.
Au sujet de la dot je ne demande rien :
Vous avez du talent et votre oncle du bien :
A mon plus vif désir vous voyant satisfaire,
La question d'argent devient fort secondaire.

FERDINAND, se levant et remettant au comte sa démission.

Si par tous nos progrès vous fûtes affligé,
Ah ! comte, maintenant vous êtes bien vengé.

ACTE QUATRIÈME

Une pièce simple chez Dumarsan. Un bureau avec quelques livres épars. Des fanteuils, des chaises. A droite, au fond, un portrait de Washington. Une porte au fond dans le milieu.

SCÈNE PREMIÈRE

DUMARSAN, BARNEL.

BARNEL, assis, parcourant un journal.

Le mérite une fois a donc sa récompense.

DUMARSAN.

Quoique nous n'ayons pas une grande influence,
Au palais, à Paris, Ferdinand est aimé :
D'un excellent esprit on le sait animé ;
C'est un garçon si franc, si probe, si sincère !

BARNEL.

Aussi ses ennemis ne l'épargneront guère.
L'avez-vous vu depuis sa nomination ?

DUMARSAN.

Pas encore.

BARNEL.

    Il vous a grande obligation :
Il prétend que sans vous sa défaite était sûre,
Que vous vintes en aide à sa candidature.

DUMARSAN.

Quelle aide voulez-vous que l'on prête aujourd'hui ?
Il eut tout simplement les électeurs pour lui.
Ah ! qu'il doit être heureux en cette circonstance !

BARNEL.

Le plus heureux des deux n'est pas celui qu'on pense.

DUMARSAN.

Hein? que dites-vous?

BARNEL, se levant.

Moi ? j'affirmerais, parbleu !
Que l'oncle est encor plus content que le neveu.

DUMARSAN.

Mon Ferdinand est froid : avec une âme aimante,
Il me produit un peu l'effet de l'eau dormante.

BARNEL.

Lui? du tout : franchement vous le connaissez peu :
Sous sa calme apparence il cache un noble feu.

DUMARSAN.

Il semble timoré, parfois dans le marasme :
Je ne lui trouve point assez d'enthousiasme,
D'espérance, d'ardeur : et, dans un cas pareil,
Je pensais qu'il eût mieux secoué son sommeil.

BARNEL.

Pour montrer son bonheur que voulez-vous qu'il fasse ?

DUMARSAN.

A cet âge-là, moi, je n'étais pas de glace.
Soldat, devant les yeux des peuples éblouis,
Je soutenais déjà l'honneur de mon pays.
Avec nos bataillons et par toute l'Europe,
Le glaive dans la main j'étais un philanthrope.
Au milieu des succès, de nos vaillants exploits,
De tous j'aurais voulu qu'on respectât les droits :

Qu'on ne se traitât point en hordes étrangères,
Et que l'on comprit mieux que les hommes sont frères.
Lorsque j'entrais à Vienne, à Munich, à Berlin,
Ou que plus tard, fuyant les flammes du Kremlin,
Nous succombions devant la dernière conquête,
Sans cesse je roulais d'autres plans dans ma tête.
En plaine j'admirais ces immenses troupeaux,
Avec ordre rangés, marchant sous leurs drapeaux ;
Apportant au combat leur valeur aguerrie,
Tout pleins d'un noble élan, d'amour de la patrie :
Puis changeant tout à coup à l'appel du clairon,
Repoussant l'ennemi par le fer, le canon,
Et bientôt animés d'une fureur sauvage,
Répandant autour d'eux le meurtre et le carnage.
Ah ! je ne saurais pas exprimer la douleur,
Qui, dans de tels moments, torturait un vainqueur :
Voir des êtres humains, armés d'intelligence,
Engendrer à plaisir et ruine et souffrance :
Prêter leur mâle ardeur, leur force de géant,
A ce Dieu des combats qui produit le néant :
C'est, je vous l'avoûrai, l'horreur la plus affreuse
Dont puisse être témoin une âme généreuse.
Aussi, plus je vieillis, depuis ces tristes temps,
Plus je trouve la guerre un grossier contre-sens :
Je rêve le bonheur, une paix générale :
Mon humeur tous les jours devient plus libérale.
Et j'aspire au moment où notre humanité
Progressera partout avec la liberté.

BARNEL.

A cet égard, monsieur, n'ayez aucun ombrage :
Ces principes si clairs Ferdinand les partage,
Et dans ces sentimens il restera toujours.
Ne lisez-vous donc pas ses éloquents discours ?
Il lutte constamment contre l'obscurantisme :
Nul ne montra jamais plus chaud patriotisme.

DUMARSAN.

Depuis un certain temps il paraît soucieux.

BARNEL.

Son inclination le rend plus sérieux.

DUMARSAN.

Ah çà, comment? selon l'habitude ordinaire,
L'amour porte les gens à la joie au contraire.

BARNEL.

Le comte de la Roche, homme de qualité,
Pourrait lui susciter quelque difficulté :
Il est très-entiché de sa vieille noblesse,
Et préférerait fort voir sa fille comtesse.

DUMARSAN.

Près de ce monde-là que va-t-il se frotter ?
Quel nigaud à ce choix aura pu l'exciter,
Et pourquoi se lancer en aussi haute sphère
Quand justement j'avais sous la main son affaire ?

BARNEL.

Sans la permission ni de moi ni de vous,
Clotilde et Ferdinand se sont fait les yeux doux :
Et que la vanité refuse ou le permette,
Ils passent par-dessus la banale étiquette.
Du reste, vous savez que le comte a sa sœur,
Qui des deux amoureux est le chaud défenseur :
Madame de Vermont devra...

DUMARSAN.

             C'est une honte
De mettre son destin à la merci d'un comte.
Certes, si Ferdinand m'en eût parlé plus tôt,
Je l'eusse détourné d'un projet aussi sot.
Que ne choisit-il pas dans notre bourgeoisie,
Au lieu d'aller si loin pousser sa fantaisie ?

SCÈNE II

LA BARONNE DE VERMONT, CLOTILDE,
DUMARSAN, BARNEL, Un Domestique.

LE DOMESTIQUE, annonçant.

Madame de Vermont.

Le domestique sort.

LA BARONNE.

J'ai désiré, monsieur,
Aujourd'hui près de vous être l'ambassadeur.
Sachant, pour Ferdinand quelle est votre tendresse,
Je viens vous annoncer qu'on l'unit à ma nièce :
Mon frère, après avoir réfléchi mûrement,
Ne voit plus nul obstacle à son consentement.

DUMARSAN.

Ah! madame, croyez à sa reconnaissance,
Et, quoiqu'il ne soit pas d'une haute naissance,
C'est un homme loyal, un honnête garçon,
Bien apte à soutenir l'honneur d'une maison.

CLOTILDE.

Au monde, fort souvent il nous le dit lui-même,
Son oncle est plus que tout la personne qu'il aime.

DUMARSAN.

Il vous trompe.

CLOTILDE.

Comment ?

DUMARSAN, plaisantant.

Oui, c'est un imposteur :
Je ne suis nullement le premier dans son cœur :
Ma prunelle jamais ne fit nulle blessure.

CLOTILDE.

Il le disait encore hier, je vous assure.

DUMARSAN.

Mademoiselle, il est un céleste trésor

Que bien avant son oncle il fait passer encor.
Qu'on soit de roturière ou de royale race,
Dans l'âme les beaux yeux ont la première place.

LA BARONNE.

Nous sommes, Dieu merci, bien loin du temps passé :
Par ces distinctions on n'est plus offensé :
Les honneurs aujourd'hui le talent seul les brigue.

BARNEL.

On voit bien triompher parfois un peu l'intrigue.

DUMARSAN, à la baronne.

Il est vrai que depuis la nuit du quatre août,
Nous n'avons pas laissé beaucoup d'erreurs debout :
Ah ! je conviens que j'ai l'horreur du privilége.
Mesdames, pardonnez ; veuillez donc prendre un siége.

LA BARONNE, s'asseyant.

Mon frère, lui, n'est pas toujours de cette humeur :
Il a ses préjugés et nous avons eu peur.

DUMARSAN, piqué.

Est-ce qu'il hésitait ? parlez, je vous conjure,
Et dédaignerait-il la modeste roture ?

CLOTILDE, assise.

Non, monsieur.

LA BARONNE.

              Pourquoi pas dire la vérité ?
De Ferdinand cela prouve l'habileté :
La chance tout d'abord avait semblé contraire,
Et par sa persistance il a vaincu mon frère.

DUMARSAN, inquiet.

Hum !

CLOTILDE.

              Malgré le penchant de sa vieille fierté,
Mon père est généreux et rempli de bonté.
Aussitôt qu'il connut nos vœux, nos espérances,

Il ne put résister à mes vives instances :
Dit que du résultat il se réjouissait,
Et que sur tous les points il était satisfait.

DUMARSAN.

Je ne crois pas qu'il fasse un si grand sacrifice.

LA BARONNE.

Un refus de sa part eût été pur caprice :
Votre neveu d'abord est un homme charmant,
Qui ne s'entête pas déraisonnablement :
Il y mit tant de grâce et tant de modestie,
Que du comte il obtint toute la sympathie :
Il faut bien faire aux gens quelque concession.

DUMARSAN.

Mais de quoi parlez-vous ?

LA BARONNE.

                    De sa démission.

DUMARSAN.

De sa démission : et que voulez-vous dire ?

LA BARONNE.

Aux désirs de mon frère il a daigné souscrire :
Il renonce à ses droits et n'est plus député.

DUMARSAN, stupéfait.

Je ne crois pas un mot de cette indignité :
Ah! ne l'accusez pas d'une faiblesse infâme.

BARNEL.

Quand avez-vous appris cette histoire, madame ?

LA BARONNE, se levant.

Tout à l'heure.

DUMARSAN.

                    Non, non, Ferdinand, mon neveu,
De ses devoirs ainsi ne se fait pas un jeu.
En vain vous l'accusez de cette perfidie,
Il raisonne, il n'a point une tête étourdie :
Jamais il ne montra telle légèreté :
Avant de s'y résoudre, il m'aurait consulté.

LA BARONNE.

Le fait est positif.

DUMARSAN.

       Il n'a point sans scrupule.
Je le nie, accepté ce rôle ridicule.

BARNEL.

Moi, je cours de ce pas m'informer vivement
Des plus amples détails de cet événement :
Et, dussé-je invoquer l'amitié qui nous lie,
L'arrêter au moment de faire une folie.

SCÈNE III

LA BARONNE DE VERMONT, CLOTILDE, DUMARSAN.

DUMARSAN.

Mais Ferdinand serait le plus grand des sournois,
S'il avait renoncé de la sorte à ses droits :
Je l'ai toujours aimé d'une affection tendre :
Avant de le juger nous avons à l'entendre :
Bien loin de se sauver, il aurait tout perdu :
Vous, madame, sans doute, aurez mal entendu.

LA BARONNE.

Ah ! je ne comprends pas une alarme si vive :
A moins de cet honneur se peut-il qu'on ne vive ?
Que les hommes sont fous avec leur vanité !
Tout est-il compromis si l'on n'est député,
Et faut-il que l'on soit d'une étoffe bizarre,
Pour faire à tout propos un pareil tintamarre !
L'un vénère si fort d'antiques parchemins
Que d'un œil de mépris il voit tous les humains :
L'autre, courbé devant l'idole qu'il adore,
Tombe dans un excès plus pitoyable encore :

Tous sans exception, poussés par votre orgueil,
Vous sombrez ici-bas sur quelque sot écueil.

DUMARSAN.

Quoi ! vous ne trouvez pas ma colère louable,
Et pareille action vous paraît excusable ?

LA BARONNE.

Assurément.

DUMARSAN.

O ciel! un traître : c'est trop fort !

LA BARONNE.

Ne vous pressez pas tant de l'accuser à tort.

DUMARSAN.

Ce rêve, que depuis si longtemps je caresse,
Oui, madame, c'était l'espoir de ma vieillesse.
Les femmes sur ce point ont le fâcheux travers
De parler, de trancher à tort et à travers.

CLOTILDE.

Quand nous mériterions cette amère critique,
Nous faisons peu de cas de votre politique.
Les femmes n'ont jamais châtié l'innocent,
Et trouvé du plaisir à répandre le sang.
Nous avons en horreur tout système rigide :
Un cœur impartial est notre unique guide.
Le premier jour je pris parti pour Ferdinand,
Comme je le soutiens devant vous maintenant,
Et, quand il eût commis l'erreur la plus profonde,
Je n'en voudrais pas moins le suivre au bout du monde.

DUMARSAN.

Libre à vous : prévenu d'un pareil attentat,
Il n'est plus à mes yeux qu'un honteux apostat.

LA BARONNE.

Hé! croyez-vous qu'en fait de bonheur du ménage
Messieurs les députés aient seuls cet avantage ?

DUMARSAN.

Voilà près de dix ans que j'attendais pour lui
Cette insigne faveur qu'il dédaigne aujourd'hui.
Toute ma joie au monde en Ferdinand seul brille :
Je n'ai point de parents, il était ma famille.
Après mille soucis à mon but je parviens,
Il est enfin l'élu de ses concitoyens :
Et cet homme inconstant, maladroit, égoïste,
De son noble mandat tout à coup se désiste.
Qui de la bonne foi ne connaît pas le prix,
Affronte des humains le trop juste mépris.

SCÈNE IV

FERDINAND DE SENNEVILLE, LA BARONNE DE VERMONT, CLOTILDE, DUMARSAN.

CLOTILDE, à Ferdinand.

Aux accusations l'absence vous expose,
Monsieur : venez plaider vous-même votre cause.

FERDINAND.

Oui, je l'avoue, on peut à présent m'accuser,
Et tant de passion ne saurait s'excuser.

DUMARSAN.

Malheureux !

FERDINAND.

      Ah ! pourquoi, Clotilde, vous aimai-je ?
J'écoutai ma tendresse et fus pris dans un piége.

DUMARSAN.

Où ? je suis curieux : voyons, explique-toi :
Comment ne vins-tu pas te confier à moi ?

FERDINAND.

Le comte de la Roche, en perfide adversaire,
De mon sort misérable est l'auteur volontaire.

Entre un double péril il me fallut opter,
Et c'est le moins affreux que je dus accepter.

DUMARSAN.

Mais je demande en quoi ta reculade importe ;
Quel est son intérêt pour agir de la sorte ?
Quand tu viens d'obtenir une insigne faveur,
Le comte trouve là matière à déshonneur.

LA BARONNE.

Il a peut-être craint que cette haute place
A votre cher neveu causât quelque disgrâce.

CLOTILDE.

Vous le savez, monsieur, avec les jeunes gens,
Les parents quelquefois se montrent exigeans.

DUMARSAN.

Non, je ne conçois pas une telle exigence
Dont notre discrédit serait la conséquence.
Ferdinand, à ton air embarrassé, discret,
Oh ! je n'en doute pas, tu caches un secret.
L'âge m'apprit à lire au fond de ta pensée :
Je le vois, je le sens, ton âme est oppressée ;
Défends-toi, devons-nous t'imputer tous les torts ?

FERDINAND, à demi-voix.

Je succombe accablé sous le poids du remords.

CLOTILDE.

Ainsi lorsqu'à nos vœux enfin cède mon père,
Votre cœur abattu gémit et désespère ;
A cet heureux succès vous n'applaudissez pas,
Et semblez éprouver comme de l'embarras.
Quelle naïve erreur ! j'ai cru que ma conquête
Balançait de l'orgueil la légère défaite.

FERDINAND.

Oui, personne jamais ne fut plus incertain
Et n'eut en son ivresse aussi cuisant chagrin.

D'un côté le destin me sert, me favorise.
Et de l'autre mon sort contre un écueil se brise:
Au moment où je suis prêt à vous obtenir,
Par un revers fatal je perds mon avenir;
En venant m'attacher à votre douce chaîne,
De mon meilleur ami je m'attire la haine;
Je vois mon cher parent, mon oncle vénéré,
Indignement trahi, par moi déshonoré.

LA BARONNE.

N'exagérez pas tant une chose minime;
Votre démission, monsieur, n'est pas un crime,
De son étonnement votre oncle reviendra,
Et, réfléchissant mieux, vous la pardonnera.
Ce n'est rien; après tout, lorsque l'on se marie,
Qui n'a pas enduré quelque taquinerie?

DUMARSAN.

Oh! madame, pardon! je connais mon neveu;
À son trouble je vois qu'il craint mon désaveu.
Certe, il aurait grand tort de faire un mariage
Dont le commencement est de mauvais présage,
Où de lui l'on exige une soumission
Qui ne va pas à moins qu'à sa démission.
Il est libre, il le peut, qu'il agisse à sa guise;
Aux traits les plus méchants sur lui qu'il donne prise.
Pour moi, je le renie et le dis hautement,
Il devra se passer de mon consentement.

FERDINAND.

Oui, oui, punissez-moi d'un acte téméraire,
Contre moi déchaînez toute votre colère,
Je devais résister à cet entraînement:
De ma fidélité recevez le serment.

CLOTILDE, à Dumarsan.

Au nom du ciel, monsieur, soyez plus exorable.

DUMARSAN.

C'est impossible, non.

CLOTILDE.

Est-il donc si coupable ?

DUMARSAN.

Il l'est au plus haut point.

CLOTILDE.

Vous êtes sans pitié.

DUMARSAN.

Pour la première fois je suis humilié.

LA BARONNE.

Venez, monsieur, venez causer avec mon frère,
Et vous vous entendrez ensemble, je l'espère ;
Vous le savez, il est de ces occasions
Où des deux parts chacun fait des concessions.

CLOTILDE.

Ah! Ferdinand, craignez que Dieu ne vous châtie ;
Je n'aurais pas pensé que vous m'eussiez trahie.

SCÈNE V

FERDINAND DE SENNEVILLE, DUMARSAN.

DUMARSAN.

Ah çà, nous voilà seuls et tu vas t'expliquer,
Je suppose : c'est trop de nous tous te moquer.
Tu restes interdit et tournes le visage.
Ainsi tu t'es soumis à ce grand personnage ;
Il ne te permet pas de remplir ton devoir,
Et, toi, tu reconnais ce suprême pouvoir.
Peut-être il n'aime pas qu'on parle politique
Et tu consens à tout, plein d'un calme stoïque.

Tu succombes, de nul tu ne prends les avis,
Tu laisses de côté tes amis, ton pays;
Ton ardeur est éteinte et le grand patriote
Reçoit aveuglément les ordres d'un despote!
Ah! je conçois l'amour et je sais que ses feux
S'allument d'autant plus aux desseins périlleux ;
Mais jusques à ce point l'homme n'est pas frivole
D'acheter le succès en faussant sa parole.
Je t'estimais doué de plus mâle vertu:
Allons, réponds, réponds... eh bien ! parleras-tu ?

FERDINAND.

L'amour, je vous l'ai dit, est mon unique excuse,
Et, plus que vous cent fois, moi-même je m'accuse.
Mon crime est bien plus grand que vous ne le pensez;
Désespéré, voyant tous mes vœux repoussés,
Pour réussir j'ai dû baisser ma tête fière ;
Au comte j'ai livré mon âme tout entière ;
Je me suis vu réduit à telle extrémité
Que j'ai vendu jusqu'à ma propre liberté.

DUMARSAN.

Cette démission n'était que bagatelle;
On t'imposa des lois, tu t'es mis en tutelle.

FERDINAND.

Qu'une femme possède un charme séducteur
Et combien elle excelle à nous vaincre le cœur!

DUMARSAN.

Homme sans fermeté, ne t'en prends qu'à toi-même
Si, pour ton châtiment, ton malheur est extrême.
Hé! qu'avais-tu besoin de briguer la faveur
D'être au prix d'un marché gendre d'un grand seigneur?
En réglant ce contrat, telle est ton innocence,
Qu'à genoux tu t'es mis sous son obéissance:
Au lieu de refuser net ses conditions,
Contre l'honneur tu prends des obligations.

FERDINAND.

Oui, l'amour, je le sens, est un maître terrible;
On subit malgré soi sa puissance invisible.

DUMARSAN.

Puisque ta passion a tenté ce hasard,
Nul reproche à présent ne sert plus de ma part.
Cet amour, tu sauras un jour ce qu'il te coûte.
Courage, tu n'as plus qu'à poursuivre ta route,
A te précipiter au milieu du torrent.
Tu n'avais ici-bas que moi seul de parent,
Un taquin chicanant pour une peccadille;
Tu verras à ma place une noble famille;
Mes yeux se sont ouverts, je suis tout résigné
Et ton cœur à ce change aura beaucoup gagné.

FERDINAND.

Non, ne vous montrez pas cruel, impitoyable,
Quand déjà le tourment et le remords m'accable.
Je ne suis point un fourbe, un lâche renégat :
Je n'ai point succombé sans un rude combat.
J'aurais sans balancer donné mon sang, ma vie,
Pour que ma liberté ne me fût point ravie;
En holocauste j'ai vainement tout offert.
Vous n'imaginez pas tout ce que j'ai souffert.
L'amour ou le devoir devait être victime
Et le choix que j'ai fait m'a semblé légitime.
Ne me repoussez pas, laissez-vous attendrir,
Ou, séparé de vous, je n'ai plus qu'à mourir.

DUMARSAN.

Ah! tu te trompes fort et pousses loin l'audace
Si tu crois obtenir auprès de moi ta grâce.
Penses-tu que l'on puisse impunément mentir
Et qu'à ta lâcheté tu vas me convertir?
Puisque tu te complais dans un pareil système,
A tes opinions ajoute le blasphème:

Cours prêcher dans un monde où l'on accepte tout,
Et, fier de tes exploits, jouis-en jusqu'au bout ;
Là tu pourras manquer aux plus saintes promesses
Et verras applaudir à toutes tes bassesses :
J'aime mieux rester seul et vivre au fond des bois
Que de courber mon front sous de honteuses lois.

FERDINAND.

Quoi ! si je rachetais cette faute, ce crime,
Vous ne voudriez pas me rendre votre estime ?

DUMARSAN.

A mes yeux quand un homme est descendu si bas,
Le rang qu'il a perdu ne se recouvre pas.

FERDINAND.

De ce supplice il faut que mon cœur se délivre,
Sans votre affection je ne pourrais pas vivre :
Voyez au moins le comte et tentons mille efforts
Afin de conjurer le plus triste des sorts.

ACTE CINQUIÈME

Le salon du comte de la Roche : même décoration qu'au deuxième acte.

SCÈNE PREMIÈRE

LE MARQUIS DE RAMILLY, LE COMTE DE LA ROCHE.

LE MARQUIS, étendu dans un fauteuil et riant.

Ah ! comte, en vérité votre histoire est parfaite ;
Vous avez fait au vent tourner la girouette :
Ce grave député, ce vaillant champion
Devant vos arguments a baissé pavillon.

LE COMTE.

Pas trop.

LE MARQUIS.

Il résistait ?

LE COMTE.

Ce fut très-dramatique :
Il s'est fort débattu contre son sort critique.
Mais la nécessité, mon cher, l'a converti.

LE MARQUIS.

Le fougueux avocat au pacte a consenti ?

LE COMTE.

Oui, marquis, et voilà ce qui me préoccupe :
De sa conversion c'est moi qui suis la dupe ;
Je m'attendais, j'avoue, à plus de fermeté.

LE MARQUIS.

Parbleu ! j'admire fort votre simplicité.
Au milieu des splendeurs de l'époque où nous sommes,
Vous ignorez encor la lâcheté des hommes :
Quoi ! vous ne savez pas que pour un bout de croix,
Ces messieurs serviraient vingt partis à la fois ?
Et que par vanité, par pure gloriole,
Ils sont constamment prêts à briser leur idole ?
Ne les voyez-vous pas en toute occasion ?
Vous avez conservé beaucoup d'illusion.

LE COMTE.

Je suis pris, je n'ai plus qu'à lui donner ma fille.
Un simple roturier au sein de ma famille !
Telle est dans ce chaos la force du courant
Qu'à mon tour me voilà victime du torrent.
Plutôt que de subir un affront de la sorte,
J'eusse beaucoup mieux fait de lui fermer ma porte.
Les femmes aujourd'hui méconnaissent leur sang
Et ne rougissent point du plus infime rang.

LE MARQUIS.

Bah ! usez de vos droits, de la toute-puissance
Et forcez votre fille à plus d'obéissance.

LE COMTE.

Par un méchant esprit de contradiction,
Elles ont accepté la Révolution.

LE MARQUIS.

Réagissez.

LE COMTE.

Le puis-je ?

LE MARQUIS.

                    Eh! fâchez-vous, que diable!
On ne tolère pas une union semblable.
Recourez aux moyens qui peuvent émouvoir :
Ne donnez point de dot.

LE COMTE.

                    Je n'ai plus qu'un espoir :
L'oncle de Ferdinand, un libéral rigide,
A traité son neveu d'apostat, de perfide :
Il se refuse à tout et, grâce à sa fureur,
Sera probablement mon unique sauveur.
Il est riche; il devait laisser son héritage
A celui qu'il attaque en aussi vif langage :
S'il venait maintenant à le déshériter,
Nous aurions sur ce point matière à contester.
Et Clotilde n'est pas d'une humeur singulière,
A vouloir se cloîtrer au fond d'une chaumière.
Tel est le seul terrain où je puis m'engager
Pour tirer mon honneur de ce pressant danger.

LE MARQUIS.

N'y comptez pas.

LE COMTE.

Pourquoi?

LE MARQUIS.

                    La femme est si bizarre,
Lorsque de son esprit un caprice s'empare!

LE COMTE.

Quelle sottise!

LE MARQUIS.

Allons, comte, donnez-la-moi :
Au moins les Ramilly sont de race, je crois.

LE COMTE.

Oh! vous, vous me semblez peu propre à l'hyménée :
Oui, vous êtes trop jeune, attendez une année.

Courant avec fureur de plaisirs en plaisirs,
Vous menez une vie au gré de vos désirs :
Par la ville on vous voit conduire une voiture
Et de tous les côtés courir à l'aventure ;
Votre amour le plus vif est celui des chevaux :
Restez célibataire, habitez vos châteaux
Et ne vous lancez pas en homme téméraire
Dans un état qui n'est nullement votre affaire.

LE MARQUIS.

Je m'ennuie.

LE COMTE.

Est-il vrai ?

LE MARQUIS.

Vous ne consentez pas ?
Cela vous tirerait d'un fâcheux embarras.

LE COMTE.

Non.

LE MARQUIS, se levant.

Alors c'en est fait, j'aurai la hardiesse
De donner mon blason à certaine princesse :
Puis je voyagerai : mais, avant mon départ,
Comte, n'en doutez pas, je vous en ferai part ;
Bonjour.

LE COMTE.

Courtisez-vous quelque très-grande dame ?

LE MARQUIS.

Tout Paris en raffole, elle sera ma femme ;
Adieu.

SCÈNE II

CLOTILDE arrivant par la porte de gauche, LE COMTE DE LA
ROCHE.

CLOTILDE.

Vous étiez seul?

LE COMTE, s'asseyant.

Non, avec le marquis,
Deux minutes plus tôt et tu m'aurais surpris.
Il vient de m'annoncer son prochain mariage :
Il se lance, dit-il, dans le plus haut parage.

CLOTILDE.

Et monsieur Dumarsan n'est pas encor venu ?

LE COMTE.

Non.

CLOTILDE.

Ah !

LE COMTE.

Je l'attendrai puisqu'on m'a prévenu.

CLOTILDE, bas.

Il a sa tête aussi : pourvu qu'il y consente.

Haut.

C'est un supplice affreux que celui de l'attente.

LE COMTE.

Je pense qu'avec lui nous nous entendrons peu,
Et, s'il ne laissait point son bien à son neveu,
Nous serions...

CLOTILDE.

Comment, vous qui, selon l'apparence,
N'attachez à l'argent qu'une faible importance,

Mon père, dans ce cas, voudriez froidement
Dégager votre foi, rompre un engagement?

LE COMTE.

Sans doute.

CLOTILDE.

On cède à tout, et, par pure rancune,
Vous nous combattriez à propos de fortune.
D'ailleurs, que dites-vous? Ferdinand se suffit :
De son état il tire un important profit.
Et, grâce au résultat de sa seule éloquence,
Un homme de talent vivrait dans l'opulence.

LE COMTE.

Son oncle contre vous est aussi très-puissant :
Il n'est point satisfait, à rien il ne consent.
Tu n'accepterais pas, ma fille, une alliance
Qui, dès le premier pas, choque la convenance :
Où de chaque côté les propres ascendants
Se verraient accusés d'agir en imprudents.

CLOTILDE.

S'il donnait pour prétexte une action qu'il blâme,
Tâchez de le calmer et d'attendrir son âme.
Dévoué, complaisant, affectueux, discret,
Ferdinand a toujours servi votre intérêt.

LE COMTE, se levant.

En cédant il montra d'une façon fort claire
Un esprit inconstant, un faible caractère.

CLOTILDE.

Il l'a fait par amour.

LE COMTE.

Avec cette raison,
On trouverait excuse à toute trahison.

SCÈNE III

DUMARSAN, LE COMTE DE LA ROCHE, CLOTILDE

DUMARSAN.

Monsieur, je viens chez vous pour rompre un mariage
Dont l'honneur d'un parent en vos mains est le gage :
Cet honneur que j'entends ce n'est pas un vain mot
Qu'on achète, qu'on vend et rature aussitôt :
C'est un rare trésor, un bien héréditaire
Qu'on n'abandonne pas par un trafic vulgaire :
Et vous, qui vantez tant les vertus d'autrefois,
Devriez le connaître et respecter ses lois.

LE COMTE.

Assurément, monsieur, je prétends les connaître
Et votre neveu seul a peine à s'y soumettre :
Avec moi, librement, il conclut le marché,
S'il en a du regret, ma foi, j'en suis fâché.

Après une pause.

Nous pouvons obvier à ce qui nous désole :
Y tenez-vous beaucoup? je lui rends sa parole :

CLOTILDE, à Dumarsan.

Non, vous ne voudrez pas...

LE COMTE.

               Ma fille, laissez-nous
Ensemble discuter tous deux : rentrez chez vous.

CLOTILDE.

J'ai cependant...

LE COMTE.

       Allez et laissez-nous, vous dis-je.

SCÈNE IV

DUMARSAN, LE COMTE DE LA ROCHE.

DUMARSAN.

On disait autrefois ce mot : Noblesse oblige ;
Jamais dans ce temps-là nul n'aurait dérogé.
Tout a, convenez-en, terriblement changé !

LE COMTE.

A qui la faute ?

DUMARSAN.

A vous.

LE COMTE.

Ce sont vos philosophes
Qui nous ont attiré toutes les catastrophes.

DUMARSAN.

Si vous n'aviez pas tant abusé de vos droits.
Vous eussiez mieux tenu devant nos grands exploits.

LE COMTE.

Vous avez profité d'une lutte homicide
Pour établir partout un système stupide.

DUMARSAN.

L'épithète revient aux gouvernements sots
Qui voulaient étouffer les voix dans leurs cachots :
Et qui, trop fréquemment, en recourant au crime,
Rendirent odieux tout votre ancien régime.

LE COMTE.

Ils n'ont jamais déplu qu'à vos ambitieux,
Aux lâches intrigants, aux fous, aux factieux.

DUMARSAN.

Tout système exclusif à la fin craque et tombe ;
Le vôtre a fait son temps, il a trouvé la tombe ;

Celui que je défends, celui dont je suis fier,
S'est établi malgré la mitraille et le fer :
Tôt ou tard il vaincra les entêtés rebelles ;
Sur l'univers entier il étendra ses ailes,
Et, comblant de bienfaits toute l'humanité,
Même dans l'Orient répandra la clarté.

LE COMTE.

Quoi ! vous ne voyez pas que notre pauvre espèce,
Depuis vos grands exploits incessamment s'abaisse ;
Que l'on marche au courant des chocs et des hasards
Et que tous vos progrès appauvrissent les arts ?
Chacun n'obéit plus qu'au penchant le plus triste ;
Votre homme est devenu le suprême égoïste,
Et, sous l'impulsion de votre égalité,
Vous avez répandu la médiocrité.

DUMARSAN.

Bah ! quand donc vîtes-vous la féconde science
Gouverner tout avec plus sage prévoyance ;
Les soldats mieux combattre autour de l'étendard,
Plus de gens à la fois au banquet prendre part,
Avec plus vive ardeur le peuple apprendre à lire
Et les petits enfants même vouloir s'instruire ?
Vous n'apercevez plus de sublimes géants,
Mais vous faites l'aumône à moins de fainéants ;
Si plus modestement rayonne le génie,
Dans la société tout est en harmonie.

LE COMTE.

Ah çà ! vous plaisantez ; a-t-on cité jamais
Plus de crimes affreux, plus d'odieux forfaits ?
Jadis notre pays était une famille :
A présent ce n'est plus qu'un troupeau qui fourmille,
Qui va, qui vient, qui marche où le vent le conduit,
Et dont l'âme se plaît dans une épaisse nuit.
A tout prix prétendant combattre l'ignorance,
Vous avez altéré la plus sainte croyance :

Vous avez tout détruit, et vous fîtes si bien
Qu'on se moque de tout, qu'on ne croit plus à rien.

DUMARSAN.

Quand tout le genre humain s'illumine et s'épure,
Regrettez-vous un temps de fraude et d'imposture?

LE COMTE.

Je regrette celui qu'ont connu nos aïeux,
Où l'homme, heureux, content, plus sage, vivait mieux ;
Où, jouissant en paix de son état modeste,
Il ne connaissait pas votre luxe funeste.
On n'allait point alors, au bout de l'univers,
Chercher ou conquérir mille usages divers ;
Chacun se contentait de l'antique coutume,
Et des déceptions ignorait l'amertume.
On n'avait point banni toute naïveté ;
En haut, en bas, régnait la joie et la gaîté ;
Aux nécessaires lois on savait se soumettre ;
Le serviteur tenait fermement à son maître ;
Au loyal dévoûment il était toujours prêt
Et prenait beaucoup mieux soin de son intérêt.
Depuis que vous avez du sommet à la base,
Sans pitié, sans remords, de tout fait table rase,
Et foulé sous vos pieds les volontés du ciel,
Je ne vois plus partout qu'instinct matériel.

DUMARSAN.

Avouez cependant, depuis qu'elle est majeure,
Que notre nation gagne et devient meilleure.

LE COMTE.

Sottes erreurs !

DUMARSAN.

          Erreurs dont s'applaudit chacun.

LE COMTE.

Votre société n'a pas le sens commun.

DUMARSAN.

En vain vous gémissez et faites la grimace,
Aujourd'hui, malgré tout, chacun est à sa place;
Petit ou grand, quiconque est doué de talent,
Brise l'obstacle, arrive à tout en travaillant;
La force solidaire est tellement féconde
Qu'à nos yeux stupéfaits elle ouvre un nouveau monde,
De cent chemins de fer sillonne le pays,
Répand profusément ses trésors infinis,
Dans les antres obscurs sous cent formes pénètre
Et, jusqu'aux champs lointains, apporte le bien-être.
Qui sait ce que plus tard les progrès triomphants
Réservent d'incroyable à nos petits enfants?
Le droit, courbé jadis, maintenant se redresse;
Il se peut que le mal d'ici-bas disparaisse,
Et que l'humanité, sur le globe, en tout lieu,
Quelque jour vive en paix sous le regard de Dieu.

LE COMTE.

Avança-t-on jamais rien de plus ridicule?

DUMARSAN.

Un trop long temps on a subi votre férule.

LE COMTE.

Ah! vraiment vous tenez un langage insensé.

DUMARSAN.

Hé! que voulez-vous? moi, j'exècre le passé:
Les excès sont toujours nés de ses résistances.

LE COMTE.

Allons, mettez un terme à vos extravagances;
Ceci n'a nul rapport avec notre débat.

DUMARSAN.

Impertinent!

LE COMTE.

Brutal!

SCÈNE V

LA BARONNE DE VERMONT, CLOTILDE, DUMARSAN, LE COMTE DE LA ROCHE.

LA BARONNE.

Hé! quel est cet éclat?

On vous a laissés seuls et, loin de vous entendre,
Aux cheveux vous voilà tout deux prêts à vous prendre.

LE COMTE.

Parbleu! loin de songer à ce dont il s'agit,
Monsieur sur vingt sujets égare son esprit.

LA BARONNE, à Dumarsan.

Quoi donc! à Ferdinand au lieu d'être propice,
Vous ne consentez pas qu'à ma nièce on l'unisse?

DUMARSAN.

Non, si l'on ne me rend de suite cet écrit
Que la seule vengeance à mon neveu surprit.

LA BARONNE.

Mon frère, renoncez à votre résistance :
A l'animosité préférez la clémence.

CLOTILDE.

Oui, mon père, admirez les temps qui ne sont plus,
Mais sans leur prodiguer des regrets superflus.
Nous sommes ici bas passagers, éphémères;
Pourquoi si follement nous créer des chimères?
Plutôt que de garder tant d'espoirs décevants,
Que ne préférez-vous le bonheur des vivants?
De vos illusions chaque jour je m'étonne;
Vous êtes grand, loyal, vous avez l'âme bonne,
Et, dans vos noirs chagrins, vous semblez par moment
Ne rêver que ruine et bouleversement;
Cédez à nos désirs et dans une autre voie,
Au lieu de vos ennuis vous trouverez la joie.

LE COMTE.

C'est un complot ourdi contre ma volonté.

DUMARSAN.

Il faut toujours se rendre à la majorité.

LA BARONNE.

Voyons, en vieillissant, devenez donc plus sage,
Monsieur le comte. Allons, ferme ! un peu de courage ;
Donnez-nous ce papier.

LE COMTE.

Il en existe deux ;
Après un moment d'hésitation.
Pour l'un je me décide et me rends à vos vœux ;
Quant à l'autre, selon l'habitude ordinaire,
Ce matin même il fut remis au ministère.
Voici le mien.
Il remet la démission à Dumarsan.

SCÈNE VI

FERDINAND DE SENNEVILLE, LA BARONNE DE
VERMONT, CLOTILDE, LE COMTE DE LA ROCHE,
DUMARSAN.

DUMARSAN.

Ah ! ah ! approche, mon neveu,
Qu'on te dise ton fait et qu'on te gronde un peu.

FERDINAND.

J'accepte de bon cœur ; oui, je fus si coupable
Qu'à la face de tous je consens qu'on m'accable ;
Mais vous m'accorderez qu'il est pernicieux
Montrant Clotilde.
D'être entre son devoir et de semblables yeux.

DUMARSAN.

Ah ! tu rencontreras constamment sur ta route
Bien des piéges cachés qui suscitent le doute,

Éteignent votre ardeur, vous enlèvent la foi.
De la saine raison n'écoute que la loi ;
N'imite point ces gens, ces pitoyables hommes,
Qu'on voit trop palluler dans le siècle où nous sommes :
Pour escalader mieux les suprêmes degrés,
Ceux-là se font un jeu de tous devoirs sacrés ;
Pensent qu'impunément de l'honneur on se joue,
Ont de mille soufflets l'empreinte sur la joue,
Et payent volontiers le plus honteux tribut,
Pourvu qu'ils soient certains d'arriver à leur but.
Monsieur le comte enfin te rend ta signature.

FERDINAND, au comte.

Combien vous avez mis mon cœur à la torture !
Mais si par un hymen je vous suis allié
Mon bonheur est au comble et tout est oublié.

LE COMTE.

On a beau se raidir et suivre une tactique.

Montrant son cœur.

Le maître qu'on a là mène la politique ;

Présentant Clotilde à Ferdinand.

Je vous donne sa main.

FERDINAND.

Merci, monsieur, merci ;
Grâce à vous, notre ciel sombre s'est éclairci.

LA BARONNE.

Vous êtes généreux. C'est bien, très-bien, mon frère ;
Reprenez votre humeur et restez débonnaire.

CLOTILDE, au comte.

J'admire avec amour tant d'abnégation.

DUMARSAN.

Niez donc que les cœurs tendent à l'union.

SCÈNE VII

BARNEL, FERDINAND DE SENNEVILLE, LA
BARONNE DE VERMONT, CLOTILDE, DUMAR-
SAN, LE COMTE DE LA ROCHE.

BARNEL.

Contre son intérêt quoi qu'un amoureux fasse,
Je viens vous annoncer, messieurs, ce qui se passe.
Si de ses fonctions Ferdinand s'est démis,
Rien ne fut accepté par ses nombreux amis;
Chacun l'aime, l'estime, on vante son mérite,
Et l'on ne comprend pas cette soudaine fuite.

DUMARSAN.

Ces braves électeurs ont tout fait pour le mieux.

FERDINAND.

Oui, d'un pareil refus je suis fort glorieux.

A Barnel.

Apprends que nous n'avons plus rien qui nous attriste;

Montrant le comte.

Tout a changé de face et monsieur se désiste.

BARNEL.

Alors recevez tous, messieurs, mon compliment.

LE COMTE, avec horreur.

Hélas ! l'ancien régime est dans le mouvement.

BARNEL.

Et tandis que j'étais encore à la mairie,
Le marquis y faisait une plaisanterie
Dont sans doute vous tous serez stupéfiés ;
De son hymen prochain les bans sont publiés,

LE COMTE.

Bah ! avec qui ?

11

BARNEL.

Ma bouche est peut-être indiscrète;
Le noble grand seigneur épouse Rigolette.

LE COMTE, interdit.

Hein? comment dites-vous?

LA BARONNE.

Qu'entendez-vous par là?

LE COMTE, se remettant.

Dans un autre moment on vous dira cela.

BARNEL.

Il prétend qu'il voulait épouser Albertine,
Mais qu'à le refuser cette veuve s'obstine:
Lui voyant des travers qu'on ne peut corriger,
Elle est, assure-t-on, passée à l'étranger.

LA BARONNE, stupéfaite.

Ramilly, le marquis, le fier aristocrate,
Termine ses exploits de manière aussi plate?
Lui, qui méprisait tant les infimes bourgeois,
Ne reculerait pas devant un pareil choix?

DUMARSAN.

Si vous tenez beaucoup à défendre un système,
Ah! gardez-vous, messieurs, de tomber dans l'extrême.

FIN DE L'AMOUR ET LE DEVOIR.

Imprimerie de L. TOINON et Cie, à Saint-Germain.

IMPRIMERIE L. TOINON ET Cᵉ, A SAINT-GERMAIN